Jogos para pensar:
Educação em Direitos Humanos e Formação para a Cidadania

Jogos para pensar:
Educação em Direitos Humanos e Formação para a Cidadania

Maria Lúcia Miranda Afonso
Flávia Lemos Abade

autêntica amde UFOP

Copyright © 2013 SECAD/MEC, Programa de Educação para a Diversidade – ProEx/UFOP

COORDENADORA DA SÉRIE CADERNOS DA DIVERSIDADE
Keila Deslandes

CONSELHO EDITORIAL
Adriano Roberto Afonso do Nascimento – UFMG
Ana Maria Jacó-Vilela – UERJ
Carla Cabral – UFRN
Érika Lourenço – UFMG
Keila Deslandes – UFOP
Maria de Fátima Aranha de Queiroz e Melo – UFSJ
Mônica Rahme – UFOP
Richard Miskolci – UFSCar

DIAGRAMAÇÃO, REVISÃO E PRODUÇÃO GRÁFICA
Autêntica Editora

Dados Internacionais de Catalogação na Publicação (CIP)
(Câmara Brasileira do Livro, SP, Brasil)

Afonso, Maria Lúcia Miranda
   Jogos para pensar : Educação em Direitos Humanos e Formação para a Cidadania / Maria Lúcia Miranda Afonso, Flávia Lemos Abade. -- 1. ed. -- Belo Horizonte : Autêntica Editora; Ouro Preto, MG: UFOP, 2013. -- (Série Cadernos da Diversidade)

   Bibliografia.
   ISBN: 978-85-8217-148-6

   1. Cidadania 2. Educação em direitos humanos 3. Educação inclusiva 4. Jogos educativos I. Abade, Flávia Lemos. II. Título. III. Série.

13-11041   CDD-370.115

Índices para catálogo sistemático:
1. Educação em direitos humanos   370.115

Para Marina.

Sumário

Introdução 9

Capítulo 1 - Educação em Direitos Humanos
e Formação para a Cidadania 13

Educação em Direitos Humanos: fruto de lutas 14
Educação em Direitos Humanos: raiz de liberdade 20
O Plano Nacional de Educação em Direitos
Humanos e as Diretrizes Nacionais para a
Educação em Direitos Humanos 20
Reflexões e experiências em torno da Educação
em Direitos Humanos: dilemas e direções 26
A Educação em Direitos Humanos e a formação
para a cidadania emancipatória 33

Capítulo 2 - Os processos lúdicos e a
Educação em Direitos Humanos 35

A dimensão lúdica do ser humano e da vida em
sociedade 35
O jogo como produto do imaginário e da
capacidade humana de brincar 37
Os jogos como estratégia de elaboração da
cooperação e do conflito 41
Utilização de jogos educativos em contextos
escolares e não escolares 44
Jogos e atividades lúdicas como instrumentos
para a Educação em Direitos Humanos 54

Capítulo 3 - Criando jogos para a Educação em Direitos Humanos..................57

Sintetizando a discussão sobre Educação em Direitos Humanos, cidadania e o uso de recursos lúdicos..............57
Trilhas da Cidadania: a construção de um jogo pedagógico..................60
Definindo o tema, o objetivo educativo e o público...61
Desenvolvendo uma pesquisa para embasar o jogo...63
Definindo o tipo de jogo, os materiais e o número de jogadores..................64
Criando estratégias para o aperfeiçoamento do jogo..................74
Articulando o jogo com outras disciplinas e/ou atividades..................76
Sugerindo reflexões e dicas para o educador/mediador..................78
A pluralidade de metodologias e o caráter participativo na Educação em Direitos Humanos............80

Considerações finais....................83

Referências....................85

Introdução

Neste livro, buscamos construir um diálogo sobre o uso de recursos lúdicos, especialmente jogos educativos, na Educação em Direitos Humanos (EDH) e na formação para a cidadania. Pensando no cotidiano dos educadores, nas escolas e em outros contextos educativos, procuramos fundamentar a nossa proposta e, ao mesmo tempo, oferecer exemplos para alimentar a discussão na teoria e na prática. Não temos a intenção de propor os jogos como estratégia única ou prioritária; a EDH pode e deve ser desenvolvida com recursos educacionais diversos. Neste trabalho, ajustamos o foco sobre os jogos, na tentativa de trazer uma contribuição específica para esse tema tão amplo.

Organizamos o livro em três capítulos. No primeiro, iniciamos uma conversa sobre EDH, discutindo a relação entre os direitos humanos e a cidadania. Mais que um mero repasse de informações, entendemos a EDH como parte do processo de formação para a cidadania, o qual deve ser desenvolvido em muitas frentes e contextos sociais.

Partindo dessa ideia, abordamos o Plano Nacional de Educação em Direitos Humanos (PNEDH), aprovado em 2006, e as Diretrizes Nacionais para a Educação em Direitos Humanos (DNEDH), definidas em 2012 pelo Conselho Nacional de Educação, destinada às instituições de ensino em todo o país. Realizamos, ainda, uma revisão de artigos científicos que exploram questões teóricas e experiências de EDH nos ensinos fundamental e médio.

A atualidade dessa questão concerne a todos os educadores, de forma ampla e diversificada, pois as DNEDH estabelecem, em seu Art. 6º, que:

> A Educação em Direitos Humanos deverá, de modo transversal, ser considerada na construção dos Projetos Político-Pedagógicos (PPP); dos Regimentos Escolares; dos Planos de Desenvolvimento Institucionais (PDI); dos Programas Pedagógicos de Curso das Instituições de Educação Superior, dos materiais didáticos e pedagógicos, do modelo de ensino, pesquisa e extensão, de gestão, bem como dos diferentes processos de avaliação (BRASIL, 2012).

No segundo capítulo, discutimos a relação entre os processos lúdicos e a EDH. Resgatamos a importância da dimensão lúdica para a vida em sociedade, lançando um olhar dinâmico sobre o jogo e a capacidade humana de brincar. Em seguida, empreendemos uma revisão sobre a temática da ludicidade na educação, na escola e em outros contextos educativos, para enfatizar os jogos na EDH.

Finalmente, no terceiro capítulo, nosso objetivo foi trocar ideias sobre o processo de criação de jogos para os projetos de EDH e formação para a cidadania. Iniciamos com uma síntese dos pontos fundamentais desenvolvidos no livro, buscando manter a articulação entre teoria e prática. Em seguida, utilizamos o exemplo do jogo Trilhas da Cidadania, que desenvolvemos para um programa de EDH, descrevendo seus detalhes e refletindo, passo a passo, sobre a sua construção. Não tivemos a pretensão de oferecer um modelo; buscamos aproveitar o jogo como estratégia para o nosso diálogo. Realizamos, por fim, algumas considerações sobre a dinâmica da criação e da utilização de jogos em EDH, acentuando a importância da ação dos educadores e do trabalho participativo na escola e na comunidade.

Acreditamos que a construção de uma cultura de paz e de valorização dos direitos humanos é, hoje, um dos grandes desafios no campo da educação e nas diversas dimensões da vida em sociedade. Este livro espera contribuir para o enfrentamento desse desafio. Fazemos nossas as palavras de Mateus Afonso Medeiros: "os direitos humanos são nosso fim e nosso meio no combate à violência e na formação de uma cidadania" (MEDEIROS, 2006, p. 100). E a EDH, embora não seja solução única nem definitiva, tem um papel singular e insubstituível na formação e na defesa da cidadania.

CAPÍTULO 1
Educação em Direitos Humanos e Formação para a Cidadania

A Declaração Universal dos Direitos Humanos (DUDH) foi aprovada em 1948 pela Organização das Nações Unidas (ONU). Após a Segunda Guerra Mundial, havia um clima de grande desencanto, e colocava-se a necessidade de reorganizar a vida em sociedade. A DUDH surgiu como uma bandeira de defesa da dignidade humana. Entretanto, longe de ser pensada como um produto acabado, ela pode ser compreendida como uma semente, um conjunto de princípios que passou a inspirar e a apoiar novas demandas na sociedade.

A partir da DUDH, outros acordos internacionais foram ratificados, a fim de fortalecer e ampliar os direitos humanos. Como exemplos, citamos a Convenção Internacional sobre a Eliminação de Todas as Formas de Preconceito (1965), a Convenção sobre a Eliminação de Todas as Formas de Discriminação contra a Mulher (1979), a Convenção contra a Tortura e Outros Tratamentos ou Penas Cruéis, Desumanos ou Degradantes (1984) e a Convenção sobre os Direitos da Criança (1989).

É preciso demarcar, nesse contexto, que os direitos humanos não se limitam à defesa do direito à vida e representam mais do que a luta contra a tortura ou tratamento cruel. Constituem um horizonte amplo de defesa da dignidade do ser humano, em suas diferentes necessidades e reivindicações. Dentre eles, incluem-se os direitos sociais, civis, ambientais, e muitos outros que surgiram, e continuam surgindo, como construção histórica, a partir das lutas pelas liberdades e contra as diversas formas de opressão.

O Brasil é signatário de todos os pactos internacionais pelos direitos humanos. Portanto, o Estado brasileiro deve ser responsável pela promoção, pela defesa e pela garantia dos direitos humanos no país. E é claro que essa responsabilidade precisa ir além de uma mera retórica política. Ou seja, as declarações e convenções sobre direitos precisam ser acompanhadas de políticas públicas efetivas e outras estratégias de proteção, promoção e defesa dos direitos humanos. Dentre essas estratégias está a educação, em todos os seus níveis e âmbitos.

A DUDH reconheceu a educação como um direito fundamental e recomendou aos países signatários que desenvolvessem a Educação em Direitos Humanos (EDH) para a construção de uma cultura de paz. No Brasil, o Plano Nacional de Educação em Direitos Humanos (PNEDH), que havia sido elaborado em 2003, foi atualizado em 2006, logo após a ONU ter aprovado, em 2005, o Plano Mundial de Educação em Direitos Humanos. Em 2009, houve o lançamento do Programa Nacional de Direitos Humanos (PNDH). As Diretrizes Nacionais para a Educação em Direitos Humanos (DNEDH) foram aprovadas em 2012. Espera-se que tais documentos tenham impacto na educação, em todos os níveis de ensino, fazendo brotar uma discussão que concerne a todos nós, cidadãos.

Neste capítulo, vamos conversar sobre EDH. Iniciamos por uma pequena reflexão sobre a relação entre EDH, direitos humanos e direitos de cidadania. Em seguida, comentamos o PNEDH e as DNEDH. Realizaremos, também, uma breve revisão da literatura para identificar pontos nodais do debate e sistematizar experiências pedagógicas de EDH.

Educação em Direitos Humanos: fruto de lutas

O conceito central para os direitos humanos, nos séculos XX e XXI, é a *pessoa humana*: os direitos humanos são aqueles definidos como fundamentais à defesa irredutível e inegociável da dignidade da pessoa humana. Apresentam-se como uma construção histórica a partir das lutas pelas liberdades e contra as mais diversas formas de opressão. Constituem um conjunto universal, indivisível, interdependente e inter-relacionado de direitos. Ou seja, um direito só é garantido se todos os demais também o forem. Não se pode ter saúde sem alimentação nem educação sem saúde, e assim por diante. Os direitos humanos constituem um horizonte amplo de defesa da dignidade do ser humano, sendo objeto de transformação e ampliação ao longo da história (MEDEIROS, 2006; AFONSO, 2010; BARREIRO; FARIA; SANTOS, 2011).

Hoje, os direitos fundamentais abrangem diversos tipos de direitos: econômicos, civis, políticos, sociais, culturais e coletivos. É importante enfatizar que, em cada sociedade, a conquista de direitos está ligada às suas particularidades históricas, aos seus processos de mobilização e às reivindicações de seus diversos setores. Isso significa que a conquista de direitos, a cidadania e a defesa da dignidade humana estão correlacionadas em uma dimensão política (MEDEIROS, 2006; AFONSO, 2010). Daí a necessidade de se refletir sobre a relação entre os direitos humanos e a cidadania.

Podemos entender os direitos de cidadania como aqueles garantidos pela Constituição Federal e pelos demais preceitos do ordenamento jurídico. Os direitos de cidadania são conquistados a partir de reivindicações de diferentes setores da sociedade em defesa da dignidade humana. Por exemplo, quando se reconhece que as crianças têm o direito à proteção do Estado, da família e da sociedade, é preciso criar leis que garantam direitos como o acesso à educação e a proibição do trabalho infantil.

É por isso que podemos dizer que os direitos humanos ganham materialidade com os direitos de cidadania conquistados. Ou seja, eles podem ser efetivados na sociedade. No entanto, devemos lembrar que os direitos humanos introduzem uma perspectiva ampla: um horizonte político, ético e filosófico para a compreensão e a construção histórica do que é a dignidade humana (SCHIEFER, 2004).

Desse ponto de vista, as lutas por direitos específicos vão transformando nosso entendimento sobre os direitos humanos. Por exemplo, quando reconhecemos as crianças como cidadãs, temos de lançar à infância um olhar diferenciado, ampliando nossa compreensão da própria humanidade, em um movimento que não tem fim. Nessa dialética, os direitos humanos não são um conjunto estático, estão sempre em construção ao longo da história.

Por isso mesmo, para desenvolver ações em EDH de maneira coerente com nossa realidade, precisamos criar questões sobre as desigualdades sociais e a diversidade humana. Isto é, a EDH precisa ser articulada a uma visão de direitos humanos e de cidadania. E que cidadania?

Lafer (1997, p. 58) esclarece que foi a filósofa Hannah Arendt quem formulou o conceito de cidadania como "o direito a ter direitos". Refletindo sobre os povos deslocados de seus países pelas guerras e pelo genocídio, Arendt apontou que a igualdade de direitos entre os seres humanos não é algo já dado e isento de conflitos. Ela argumentou que é o direito de pertencer a uma comunidade política que possibilita, por sua vez, a definição e o acesso aos direitos humanos (ARENDT apud LAFER, 1997, p. 58).

Por isso, acreditamos que a formação para a cidadania não possa ser um processo de doutrinação nem um mero repasse de informação, fora do contexto de vida dos sujeitos. A EDH envolve o trabalho sobre a consciência do direito a ter direitos e daquilo que lhe dá concretude, ou seja, o direito de pertencer a uma comunidade política. É esse pertencimento (ou, pelo menos, o direito a ele) que pode trazer novas questões para os direitos humanos, a EDH e a formação para a cidadania.

A relação de reciprocidade entre os direitos de cidadania e os direitos humanos é crucial para a efetivação de ambos. Nesse sentido, Mateus Afonso Medeiros afirma que os direitos humanos, como proposições éticas, "têm eficácia mais simbólica que jurídica", e "é a comunidade política que garante os direitos" (MEDEIROS, 2006, p. 200). Como argumenta Marco Aurélio Máximo Prado, "é preciso levar em conta que os direitos humanos constituem um horizonte de possibilidades, de disputas políticas e antagonismos contemporâneos" (PRADO, 2003, p. 66). O exercício pleno dos direitos depende das condições de acesso a eles, que não podem estar apenas "no papel". Entretanto, ainda há grandes diferenças sociais no acesso aos direitos de cidadania.

Pedro Demo (1995, p. 6-7) considera três dimensões da cidadania, enfatizando que elas não são rigidamente separadas, mas se interpõem ou se separam, dependendo do contexto histórico:

(1) a *cidadania tutelada*, em que não existem propriamente direitos, mas sim "concessões" do Estado, as quais visam a conter situações críticas e controlar a consciência dos cidadãos, a fim de defender os interesses do Estado e das classes dominantes;

(2) a *cidadania assistida*, em que a noção de *direito a ter direitos* é ainda muito rudimentar, havendo uma assistência mínima a necessidades básicas, mas dentro de uma visão de concessão de benefícios (e não de acesso a direitos);

(3) a *cidadania emancipatória*, em que se reconhece o direito a ter direitos e se atribui ao Estado a responsabilidade pela garantia desses direitos. A cidadania emancipatória está também relacionada à capacidade dos sujeitos de se afirmarem e participarem de forma ativa, consciente e crítica da sociedade.

Para refletir

Procurar exemplos concretos para explicar conceitos complexos é sempre um risco. Isso porque a realidade social, estando em permanente mudança, pode provocar também mudanças nos sentidos que lhes atribuímos. O que ontem foi considerado um avanço pode ser interpretado, hoje, como retrocesso. O acesso universal ao ensino fundamental já foi considerado um grande avanço. Hoje, a mera expansão quantitativa do ensino pode aparecer como *cidadania tutelada*. Torna-se necessário garantir a qualidade e as condições de igualdade de acesso. Entretanto, isso tampouco bastaria para caracterizar uma dimensão emancipatória da cidadania na esfera da educação. Seria, no máximo, uma *cidadania assistida* – a educação como um benefício garantido pelo Estado. Espera-se mais! Espera-se a melhoria do ensino, das condições de trabalho, das interações humanas. Espera-se que haja um fortalecimento do papel da escola na promoção da cidadania. Além disso, a *cidadania emancipatória* deve incluir a participação dos diversos setores envolvidos, direta e/ou indiretamente, nos processos educacionais: professores, alunos, familiares, comunidade e sociedade ampla. Uma dimensão emancipatória da cidadania no campo da educação apontaria, ainda, que a participação não deve ser orientada somente pela busca de interesses específicos, mas deve englobar a defesa dos direitos humanos.

Neste livro, assumimos a necessidade de fundamentar as ações de EDH na visão da *cidadania emancipatória*. Não se trata apenas de informar; trata-se de se trabalhar com os princípios de justiça que dão origem aos direitos humanos e que estão entrelaçados à concepção de dignidade humana. É preciso promover uma formação para a cidadania, em que os educandos possam refletir sobre direitos dentro de seu contexto de vida e desenvolver capacidades para a participação social.

Apesar do marco representado pela Constituição Federal de 1988, a sociedade brasileira ainda se debate entre as diferentes dimensões de cidadania. Mesmo quando existem políticas públicas para a sua promoção, ainda assistimos a constantes violações dos direitos humanos e direitos de cidadania. A EDH precisa levar em conta esse cenário histórico para não se tornar uma mera retórica em um contexto social adverso aos direitos.

O acesso à educação pública e gratuita é um direito de cidadania, inscrito na Constituição Federal de 1988 e na Lei de Diretrizes e Bases da Educação (LDB), de 1996. Como tal, deve ser garantida pelo Estado. Entretanto, a escola ainda reflete as desigualdades econômicas, sociais e culturais do Brasil. É preciso, então, construir as pontes entre os direitos de cidadania e os direitos humanos. Uma delas está justamente na igualdade de acesso a educação de qualidade, abrangendo um conjunto de elementos indivisíveis: bom ensino, respeito às identidades culturais, boas condições de trabalho, respeito às pessoas (alunos, educadores, familiares), independentemente de etnia, orientação sexual, gênero, religião, origem rural ou urbana, e assim por diante.

Em outras palavras, um projeto de fortalecimento do direito à educação precisa contribuir para reforçar a cidadania. Aqui se coloca toda a relevância da EDH. A escola pode e deve se transformar em uma das mais importantes instituições sociais a promover a cidadania em um horizonte amplo de defesa dos direitos humanos (FERNANDES; PALUDETO, 2010; AFONSO, 2011; CANDAU, 2012).

Educação em Direitos Humanos: raiz de liberdade

Neste livro, nós nos alinhamos entre os defensores da EDH para o fortalecimento da cidadania na sociedade brasileira, considerando que o exercício da cidadania se reforça pelas ações educativas na sociedade (AFONSO; ABADE, 2007; AFONSO; ABADE, 2008; ARAÚJO, 2008; CANDAU, 2008; FERNANDES; PALUDETO, 2010; BARREIRO; FARIA; SANTOS, 2011; RAMOS, 2011; CANDAU, 2012; RODINO, 2012).

As ações em EDH devem ser desenvolvidas de maneira contextualizada, dentro da realidade sociocultural dos educandos e dos educadores e a partir de um contexto legal e institucional que ofereça suporte a tais ações. Não é demais enfatizar que planos e leis não são suficientes para criar realidades, mas podem abrir caminhos e respaldar esforços para a construção de uma cultura de paz. É nessa perspectiva que, a seguir, comentaremos o PNEDH, de 2006, e as DNEDH, de 2012.

O Plano Nacional de Educação em Direitos Humanos e as Diretrizes Nacionais para a Educação em Direitos Humanos

De acordo com o PNEDH, a EDH visa à conscientização para o respeito à dignidade humana, o exercício dos direitos e a formação para a participação cidadã. Isso exige não apenas o conhecimento dos próprios direitos, mas a percepção da alteridade, o respeito ao outro em sua diferença e, da mesma forma, em sua dignidade (BRASIL, 2006).

O PNEDH[1] apresenta seus objetivos e suas linhas de ação em cinco eixos: (1) educação básica; (2) educação superior; (3) educação não formal; (4) educação dos profissionais dos sistemas de justiça e segurança; e (5) educação e mídia.

Maria Lúcia Miranda Afonso e Flávia Lemos Abade (2007) relatam que, no PNEDH, a EDH é apresentada como um pro-

---

[1] Para conhecer o PNEDH na íntegra, em texto, áudio ou vídeo, consultar <http://www.dhnet.org.br/educar/pnedh/index.htm>.

cesso sistemático que articula diversas dimensões na formação do sujeito de direitos, desde ações educativas até aquelas voltadas para o desenvolvimento de projetos sociais, inclusive em trabalho conjunto com diversas políticas públicas.

> *Dimensões propostas pelo PNEDH, de 2006*
> (1) apreensão de conhecimentos historicamente construídos sobre direitos humanos e a sua relação com os contextos internacional, nacional e local;
> (2) afirmação de valores, atitudes e práticas sociais que expressem a cultura dos direitos humanos em todos os espaços da sociedade;
> (3) formação de uma consciência cidadã capaz de se fazer presente nos níveis cognitivo, social, ético e político;
> (4) desenvolvimento de processos metodológicos participativos e de construção coletiva, utilizando linguagens e materiais didáticos contextualizados;
> (5) fortalecimento de práticas individuais e sociais que gerem ações e instrumentos em favor da promoção, da proteção e da defesa dos direitos humanos, bem como da reparação das violações (BRASIL, 2006, p. 17).

Para o PNEDH, é fundamental que a EDH proporcione uma reflexão sobre valores, atitudes e práticas sociais relacionados à cultura dos direitos humanos, como base para uma consciência cidadã. Do ponto de vista cognitivo, isso significa que, além de ter acesso à informação, os educandos devem ser capazes de lhe atribuir sentido e de agir com base nesse conhecimento. O conhecimento está associado a um investimento na qualidade e na potencialidade dos vínculos sociais, reafirmando a ética da cidadania, da justiça social e da democracia (AFONSO; ABADE, 2007).

Angela Viana Machado Fernandes e Melina Casari Paludeto (2010) observaram que, desse modo, a educação é compreendida como um direito em si e como um meio indispensável para o acesso a outros direitos. Nessa concepção, a educação busca efetivar a cidadania plena para a construção de conhecimentos, o desenvolvimento de valores, atitudes e comportamentos, além da defesa socioambiental e da justiça social.

O PNEDH (BRASIL, 2006, p. 18-19) elegeu 13 objetivos gerais, reproduzidos abaixo.

Objetivos gerais do Plano Nacional de Educação em Direitos Humanos

(1) destacar o papel estratégico da educação em direitos humanos para o fortalecimento do Estado democrático de direito;
(2) enfatizar o papel dos direitos humanos na construção de uma sociedade justa, equitativa e democrática;
(3) encorajar o desenvolvimento de ações de educação em direitos humanos pelo poder público e pela sociedade civil, por meio de ações conjuntas;
(4) contribuir para a efetivação dos compromissos internacionais e nacionais com a educação em direitos humanos;
(5) estimular a cooperação nacional e internacional na implementação de ações de educação em direitos humanos;
(6) propor a transversalidade da educação em direitos humanos nas políticas públicas, estimulando o desenvolvimento institucional e interinstitucional das ações previstas no PNEDH nos mais diversos setores (educação, saúde, comunicação, cultura, segurança e justiça, esporte e lazer, entre outros);
(7) avançar nas ações e propostas do Programa Nacional de Direitos Humanos, no que se refere às questões da educação em direitos humanos;

(8) orientar políticas educacionais direcionadas para a constituição de uma cultura de direitos humanos;
(9) estabelecer objetivos, diretrizes e linhas de ações para a elaboração de programas e projetos na área da educação em direitos humanos;
(10) estimular a reflexão, o estudo e a pesquisa voltados para a educação em direitos humanos;
(11) incentivar a criação e o fortalecimento de instituições e organizações nacionais, estaduais e municipais na perspectiva da educação em direitos humanos;
(12) balizar a elaboração, implementação, monitoramento, avaliação e atualização dos planos de educação em direitos humanos dos estados e municípios;
(13) incentivar formas de acesso às ações de educação em direitos humanos a pessoas com deficiência.

Em relação à postura pedagógica, conforme Afonso e Abade (2007), o PNEDH sugere a adoção de processos metodológicos participativos, de construção coletiva, com linguagens e materiais didáticos que promovam os valores, as atitudes, as ações, as estratégias e os instrumentos em favor da defesa, da promoção e da ampliação dos direitos humanos. Segundo Fernandes e Paludeto (2010), o PNEDH propõe que a EDH seja inserida nas diretrizes curriculares e integrada a conteúdos, metodologias e formas de avaliação, através de pedagogias participativas, incluindo temas como gênero e identidade, raça e etnia, orientação sexual e religião, entre outros.

O PNDH, elaborado em 2009 e atualizado em 2010 (PNDH-3), dialoga com o PNEDH. Em seu eixo V, o PNDH-3[2] traça as diretrizes, os objetivos e as ações para a Educação e

---

[2] Para acesso à versão completa, visitar: <http://www.dhnet.org.br/dados/pp/pndh/index.php>.

Cultura em Direitos Humanos. Na educação básica, a ênfase é possibilitar a formação de sujeitos de direito, priorizando populações historicamente vulnerabilizadas, com desenvolvimento de temáticas transversais, tais como cultura indígena e relações de gênero. Além disso, o PNDH-3 propõe a inclusão da EDH nos programas de capacitação de lideranças comunitárias, de qualificação profissional, de alfabetização de jovens e adultos, entre outros (BRASIL, 2010).

As diretrizes curriculares para a EDH foram aprovadas pelo Conselho Nacional de Educação, por meio da Resolução CNE/CP n. 1/2012, e devem ser observadas pelos sistemas de ensino e suas instituições. As DNEDH estabelecem a EDH como eixo fundamental do direito à educação, visando à formação para a promoção, a proteção, a defesa e o exercício da cidadania. Argumentam que a EDH se fundamenta nos princípios da dignidade humana; da igualdade de direitos, do reconhecimento e da valorização das diferenças e das diversidades; da laicidade do Estado; da democracia na educação; da transversalidade, da vivência e da globalidade; e da sustentabilidade socioambiental.

As DNEDH definem como objetivo central a formação para a vida e para a convivência, no exercício cotidiano dos direitos, como forma de vida e de organização social, política, econômica e cultural. As instituições de ensino devem planejar e desenvolver ações de EDH adequadas a seus diferentes sujeitos e contextos, as quais devem ser acompanhadas pelos Conselhos de Educação.

Pensando conexões

Neste texto, buscamos visualizar a afinidade entre a DUDH, o PNEDH e as DNEDH. Entretanto, tais documentos ainda precisam ser apropriados na práxis da educação. Os Conselhos de Educação, em nível nacional, estadual e local, têm um importante papel nesse processo. O desenvolvimento de programas e projetos educacionais de EDH deve contar com o apoio dos Conselhos de Educação, em nível municipal, estadual e federal. Outros sujeitos sociais, como professores, estudantes, famílias, empresas e universidades, podem e devem colaborar.

As DNEDH propõem que a EDH esteja presente, de modo transversal, na construção dos Projetos Político-Pedagógicos; dos Regimentos Escolares; dos Planos de Desenvolvimento Institucionais; dos Programas Pedagógicos de Curso das Instituições de Educação Superior; dos materiais didáticos e pedagógicos; dos modelos de ensino, pesquisa e extensão; de gestão, bem como de diferentes processos de avaliação.

De que forma isso poderia acontecer? A inserção de conhecimentos concernentes à EDH na organização dos currículos da educação básica e da educação superior pode ocorrer através de ações transversais e temas interdisciplinares (relacionados aos direitos humanos), de disciplina específica ou de outras formas que sejam aceitas nas instituições educativas.

Para que essas propostas encontrem sustentabilidade, os profissionais de educação, em todas as áreas do conhecimento, devem receber formação para atuar em EDH. Os sistemas de ensino e as instituições devem fomentar e divulgar estudos e experiências bem sucedidas e criar políticas de produção de materiais didáticos e paradidáticos, tendo como princípios orientadores os direitos humanos e, por extensão, a EDH.

Passados sete anos da aprovação do PNEDH, as escolas ainda vivem um processo lento e permeado de dilemas e conflitos sobre como desenvolver a EDH. Que questões cercam a sua implementação? Uma pequena revisão de literatura pode nos ajudar a procurar respostas.

Reflexões e experiências em torno da Educação em Direitos Humanos: dilemas e direções

A presente exposição se baseia em um levantamento de artigos científicos publicados entre 2006 e 2012, período transcorrido entre o PNEDH e as DNEDH. Neles, podemos identificar dilemas e desafios contemporâneos relativos à EDH que precisam "sair do papel" e encontrar respostas nas práticas educativas e sociais.

Primeiro dilema: a relação entre universalidade e particularidades dos conteúdos

Um primeiro dilema tem sido colocado como uma tensão entre universalidade e particularidade no que diz respeito aos conteúdos da EDH: devem ser baseados apenas nos textos legais e nas convenções internacionais já instituídas ou devem incluir novas questões que surgem nas lutas e nos movimentos sociais contemporâneos? Os conteúdos já definidos como universais cobrem toda a gama de questões contemporâneas? Qual é a relação entre o que já foi definido pela DUDH (e outros estatutos legais) como "universal" e aquilo que vem emergindo na sociedade a partir de reivindicações "particulares"?

O embate entre universalismo e particularismo tem sido tratado de diferentes maneiras na literatura: ora negando a validade universal dos conteúdos já instituídos, ora rechaçando a inclusão de novas questões e ora dando relevância ao diálogo entre os diferentes pontos de vista, ampliando os horizontes dos direitos humanos a partir das demandas sociais que vão surgindo. Neste livro, defendemos esta terceira posição. Mas sabemos que o diálogo não é fácil e abriga muitas tensões.

> *Para refletir*
>
> O estudo da história e da cultura dos grupos afro-brasileiros na escola é, hoje, uma reivindicação forte. Como você vê a inserção da capoeira nas atividades de Educação Física? Você acha que estudar capoeira estimula os jovens a conhecer a história dos grupos afro-brasileiros? Como o educador poderia tomar a capoeira como um elemento para discutir as diferentes culturas no Brasil?

O avanço da discussão sobre os direitos humanos como construção histórica levantou novos desafios e tensões, na medida em que diferentes atores sociais se confrontam com os princípios já estabelecidos e apresentam reivindicações novas. Não se trata de negar as conquistas históricas, e sim de dialogar com elas para ampliar os horizontes dos direitos. Nesse sentido, é importante diferenciar a universalidade como um *princípio* e a universalidade como algo que foi historicamente definido como *direitos universais*. Entendemos que o princípio permanece, e que o que mudam são as definições pragmáticas e históricas.

Vera Maria Ferrão Candau (2008) pondera sobre a necessidade de se repensar a tensão entre a questão da igualdade, tal como foi definida pelos documentos históricos, e a questão da diferença, que é encontrada nas reivindicações levantadas por novos atores sociais. As novas reivindicações podem não estar sendo contempladas pelo conjunto de direitos já estabelecidos. Portanto, a sua especificidade (ou "diferença") entra em conflito com aquilo que está dado como universal. Porém, não se trata de questionar o princípio da universalidade; trata-se da necessidade de ampliar o conjunto de direitos, reconhecendo o caráter histórico dos direitos humanos (CANDAU, 2008).

Aura Helena Ramos (2011) afirma que as DNEDH estão atravessadas pelo embate entre diferentes concepções sobre universalidade, diferença e igualdade. Embora a DUDH tenha um papel fundamental na defesa dos direitos, a EDH não deve trabalhar apenas com os direitos já definidos como universais. Deve buscar o diálogo em torno das questões que surgem no bojo da luta pelos direitos humanos, abrindo espaço para diferentes visões e experiências e procurando compreender as tensões existentes na negociação sobre igualdade e diferença. Dessa maneira, a EDH deve ter por referência a interculturalidade (RAMOS, 2011).

Como observa Candau (2008; 2012), todas as culturas possuem concepções de dignidade humana, as quais estão sempre em processo e, portanto, incompletas. Nessa perspectiva, a EDH deveria ser embasada no diálogo entre culturas e entre grupos sociais, buscando-se um multiculturalismo crítico, aberto e interativo (CANDAU, 2008; CANDAU, 2012; ARAÚJO, 2008; SANTOS, 2009; FERNANDES; PALUDETO, 2010).

Porém, existem desafios a se enfrentar nesse trabalho. Candau (2008) propõe que haja na EDH um trabalho com núcleos de sentidos e práticas, tais como: (1) a necessidade de *desconstrução* dos preconceitos e das discriminações que impregnam as relações sociais; (2) a *articulação* entre igualdade e diferença nas políticas educativas e nas práticas pedagógicas; (3) o *resgate* dos processos de construção das identidades culturais, tanto no nível pessoal como no coletivo; (4) a promoção de experiências de interação sistemática, para propiciar experiências de alteridade; (5) o favorecimento do *empoderamento* dos atores sociais, principalmente aqueles historicamente afastados do poder e das decisões sociais.

Segundo dilema: a organização disciplinar e a interdisciplinaridade da Educação em Direitos Humanos

Outro dilema que cerca a EDH concerne à sua organização no conjunto de disciplinas escolares e ao caráter interdisciplinar de alguns projetos. A seguir, vamos rever algumas experiências que podem ser esclarecedoras a esse respeito.

Ulisses Ferreira de Araújo (2008) desenvolveu, durante quatro anos, uma pesquisa em uma escola de ensino fundamental em Campinas, por meio de projetos educativos baseados na DUDH, que se tornou o tema transversal para a estrutura curricular. Toda a aprendizagem, desde a alfabetização até a Matemática, foi organizada em torno dos artigos da Declaração. Ora, por sua natureza estratégica, projetos pedagógicos são estruturados de forma a ter um "ponto de partida", mas guardam uma certa imprevisibilidade quanto ao seu "ponto de chegada". Respeitadas as especialidades de cada campo disciplinar, buscou-se explorar a sua interação com os demais campos de conhecimento. Assim, foi mantida a abertura para a reflexão e a implicação dos sujeitos.

Com base na experiência descrita, Araújo (2008) propõe que os direitos humanos sejam uma temática transversal abordada por todas as disciplinas, em sua diversidade de conteúdos e métodos. Os conteúdos deixariam de ser a principal finalidade da educação para se tornarem instrumentos de trabalho relacionados a questões relevantes da vida dos educandos. A formação ética para a cidadania seria assumida como finalidade da educação, e a partir dela os conhecimentos, de natureza diversa, seriam articulados.

Ramos (2011) adverte contra o risco de se abordar a EDH apenas numa perspectiva jurídico-política, restringindo-a ao repasse de informações sobre leis, instrumentos legais e formas de fazer valer direitos. Para a autora, a EDH deve desenvolver a dimensão educativa e pedagógica, integrando o ponto de vista do Direito e das informações a uma dimensão ampla e reflexiva sobre o contexto de vida dos educandos. Assim, a EDH se torna um elemento transversal no currículo escolar.

Essa visão de transversalidade também aparece no relato de Ana Paula Souza *et al.* (2011) acerca de um programa desenvolvido com 70 adolescentes em situação de vulnerabilidade, no qual foram trabalhadas temáticas do Estatuto da Criança e do Adolescente e da Convenção Internacional dos Direitos da Criança. O objetivo foi preparar os adolescentes para o enfrentamento de adversidades vividas e estimular sua participação na vida política e social da comunidade, abordando temas como direitos da criança e do adolescente, identidade, solidariedade, cidadania, saúde, risco e proteção, protagonismo juvenil/participação social, entre outros.

Foram realizados dez encontros quinzenais, com a utilização de recursos como filmes, exposições, dinâmicas de grupo e, especialmente, muito diálogo. Foi feito contato com a família, a escola e a comunidade dos adolescentes, buscando-se conhecer e adaptar melhor os conteúdos aos contextos vividos. No início, os adolescentes mostraram resistência, mas aos poucos foram se abrindo e interagindo com os educadores e com seus pares, expressando opiniões, refletindo e relatando experiências (Souza *et al.*, 2011).

A transversalidade foi um elemento importante nas experiências desenvolvidas por Flávia Lemos Abade, Maria Lúcia Miranda Afonso e Eduardo F. Oliveira (2012) com rodas de conversa com adolescentes em escolas públicas e projetos sociais. As rodas eram planejadas e realizadas por alunos de Psicologia, após contato prévio com escolas e ONGs, incluindo entrevistas com diretoras e observação participante na escola. Inspiradas na pedagogia de Paulo Freire (2003) e nos grupos operativos de Pichon-Rivière (1988), as rodas de conversa se diferenciam de uma aula tradicional por se constituírem como um método de promoção da reflexão a partir da experiência. Nesse caso, houve a articulação da discussão sobre direitos humanos com outras temáticas que motivavam os estudantes porque tocavam em desafios de seu cotidiano familiar e escolar, como *bullying* e preconceito, convivência e diversidade, trabalho e gênero.

Terceiro dilema: o papel dos educadores, das instituições e das redes de serviços para o desenvolvimento de projetos em Educação em Direitos Humanos

Um terceiro dilema que identificamos na literatura diz respeito ao papel dos educadores, das instituições e das redes de serviços na efetivação da EDH dentro e fora do contexto escolar (AFONSO; ABADE, 2007; CANDAU, 2008; CANDAU, 2012; FERNANDES; PALUDETO, 2010; RAMOS, 2011; BARREIRO; FARIA; SANTOS, 2011; RODINO, 2012).

Segundo o PNEDH, o professor deve incorporar a EDH em sua prática, estimulando a reflexão com seus pares e alunos e desenvolvendo metodologias participativas, entre outros aspectos. Lembramos que iniciativas de capacitação desses profissionais são muito importantes, principalmente considerando que eles não são meros transmissores de informação, e sim participantes do diálogo em EDH.

Medeiros (2008) analisou a presença da EDH no Projeto Político-Pedagógico (PPP) de uma escola de ensino fundamental. Observou que o PPP estava de acordo com as diretrizes do PNEDH e que havia, na escola, diversos projetos interdisciplinares para a EDH, alguns explicitando a intenção de discutir valores, formação de consciência crítica e inserção social. Dentre eles, destacam-se a "sala de leitura" (leitura de temáticas críticas diante da realidade social), o "projeto valores humanos" (ações em grupo para o engajamento no contexto social) e outros projetos voltados para a comunicação, inclusive na língua de sinais. No entanto, embora 80% dos professores reconhecessem os alunos como sujeitos de direitos, a maioria deles não conhecia o PNEDH. A autora marcou a necessidade da preparação do corpo docente e da articulação, na escola, das ações em EDH.

É importante enfatizar que não se espera que os professores sejam especialistas em estatutos e instrumentos legais, e sim que atuem como mobilizadores de processos educativos. Inclusive porque, em uma abordagem multidisciplinar, eles podem desenvolver projetos em conjunto e potencializar seus conhecimentos específicos em prol do diálogo sobre os direitos humanos.

De fato, as instituições – e não apenas as escolas – e as redes de serviços poderiam contribuir para a EDH, de forma essencial (CANDAU, 2008; CANDAU, 2012; FERNANDES; PALUDETO, 2010; RAMOS, 2011; BARREIRO; FARIA; SANTOS, 2011; SOUZA et al., 2011; RODINO, 2012). Torna-se difícil implementar uma política de EDH sem o engajamento dos profissionais da educação, da família, da comunidade e do Estado. A educação em direitos humanos é responsabilidade de toda a sociedade! Por exemplo, Souza et al. (2011) sugerem a importância de estreitar as relações de parceria com os profissionais e a rede de atenção infanto-juvenil buscando os recursos de cada sistema e as suas possíveis articulações para o trabalho com os direitos humanos.

Acreditamos que a EDH se torne mais efetiva quando se expande para além dos muros da escola, envolvendo os demais setores da sociedade. Defendemos que aquilo que é discutido na escola deve poder se tornar realidade na comunidade e na sociedade. O que é diálogo precisa encontrar espaço na sociedade para se tornar prática e interação e, assim, gerar novamente o diálogo, de maneira a potencializar o desenvolvimento social e humano. Concordamos com Warat (*apud* BARREIRO; FARIA; SANTOS, 2011, p. 63) quando afirma que: "a meta é sair das ilusões retóricas para se concretizar em práticas de realização efetiva".

Sem o trabalho conjunto entre as diversas instituições e os diversos atores da rede, pode faltar sustentabilidade à EDH, e ela pode ficar reduzida à retórica. Entendemos que a EDH deva estar presente, de alguma forma, nos Conselhos Escolares, nos Conselhos de Direitos, nas famílias, e assim por diante. Alunos, familiares e educadores, ao se formarem como cidadãos, devem poder participar de sua comunidade e de sua sociedade, visando a contribuir para a defesa dos direitos humanos, dos direitos de cidadania e de uma cultura de paz.

Finalmente, é relevante notar que o avanço na concepção dos direitos humanos e a sua expansão para diversos âmbitos da vida social resultaram na ampliação do público potencialmente interessado na EDH. Todos os seres humanos, nos mais variados contextos, com as mais diversas características, têm, em princípio, o interesse e o direito à informação e à reflexão sobre direitos humanos. Assim, a EDH pode ser desenvolvida em escolas, ONGs, penitenciárias, empresas, movimentos sociais, serviços de saúde, entre outros espaços (AFONSO; ABADE, 2007).

Isso reforça a ideia de que um projeto educativo em direitos humanos deve ser desenvolvido com flexibilidade, pois não se trata (necessariamente) de um conteúdo escolar como outros, que exigem requisitos mínimos e sequências lógicas. O conteúdo, a linguagem e os materiais educativos devem ser adequados às características dos projetos e dos próprios educandos, sendo organizados de maneiras variadas para responder a suas demandas e seus interesses. O nível de aprofundamento dependerá dos sujeitos envolvidos, e o importante é que o projeto tenha efeitos tanto para a aquisição de informações quanto para a formação de atitudes em prol do respeito e do exercício dos direitos humanos e da cidadania.

A Educação em Direitos Humanos e a formação para a cidadania emancipatória

A EDH é uma educação para a cidadania, indo além dos aspectos formais e legais e baseando-se no respeito à dignidade e às potencialidades humanas. Os direitos humanos e a cidadania são uma construção social e histórica. Difundir uma cultura dos direitos humanos só é possível com sua apropriação e sua reinvenção por esses mesmos sujeitos, humanos e cidadãos.

Na perspectiva de uma *cidadania tutelada*, a EDH se restringe a transmitir, de forma acrítica, centralizadora e verticalizada, conteúdos já definidos e dados como universais. A EDH perderia seu potencial de formação crítica, considerando os educandos como receptores passivos de um conteúdo alheio às suas demandas e ao seu contexto.

Na perspectiva da *cidadania assistida*, a EDH se coloca como uma necessidade, porém ainda sem ser um instrumento de ação e participação. Mais do que cidadãos, encontramos aqui consumidores de um conhecimento sobre os direitos humanos, não necessariamente associado a uma prática.

É na perspectiva da *cidadania emancipatória* que a EDH pode encontrar sua maior potencialidade, buscando fortalecer a capacidade dos sujeitos de participarem de forma ativa, consciente e crítica da sociedade, com base tanto na noção de igualdade quanto no reconhecimento da diversidade.

Neste capítulo, procuramos sintetizar os argumentos em prol da relação entre a EDH, os direitos humanos e a cidadania. Apresentamos o PNEDH e as DNEDH e discutimos dilemas atuais presentes no desenvolvimento da EDH. No próximo capítulo, vamos abordar como os processos lúdicos podem ser uma estratégia adequada para a EDH, focalizando, especialmente, os jogos educativos e a sua riqueza para o desenvolvimento de uma pedagogia reflexiva e participativa.

CAPÍTULO 2

Os processos lúdicos e a Educação em Direitos Humanos

Neste capítulo, vamos abordar a relação entre os processos lúdicos e a Educação em Direitos Humanos (EDH). Iniciamos pela discussão da importância da dimensão lúdica para a vida em sociedade, lançando um olhar dinâmico sobre o jogo e a capacidade humana de brincar. Em seguida, fazemos uma breve revisão de literatura sobre o uso de recursos lúdicos na educação, visando a focalizar a EDH, na escola e em outros contextos educativos.

A dimensão lúdica do ser humano e da vida em sociedade

Uma referência teórica clássica acerca da dimensão lúdica do ser humano e da vida em sociedade é o livro *Homo ludens*, publicado em 1938 pelo historiador holandês Johan Huizinga.[3] A escolha pela revisão desse livro se deve a sua vasta influência, com ideias que ainda hoje são inspiradoras na Educação e nas áreas de Ciências Sociais e Humanas.

Para Huizinga (2000), a dimensão lúdica é a capacidade de brincar, em sua acepção ampla, e é tão importante para se compreender o ser humano quanto a capacidade de pensamento e de ação. O ser humano é, ao mesmo tempo, *homo sapiens* (capaz de pensar), *homo faber* (capaz de agir sobre

---

[3] A primeira tradução publicada no Brasil, pela Editora Perspectiva, é de 1971. Trabalhamos, aqui, com a quarta edição brasileira, publicada em 2000, pela mesma editora.

o mundo, através do trabalho como ação transformadora) e *homo ludens* (capaz de brincar).

Isso não quer dizer que a atividade humana deva ser considerada "apenas um jogo", ou que lhe falte seriedade. Significa, sim, que existe uma dimensão lúdica articulada ao pensamento e à ação. Brincar com a realidade implica ser capaz de ensaiar suas múltiplas possibilidades, através da imaginação e da criatividade. Nesse sentido, brincar se relaciona ao "faz de conta" e está presente não apenas nas brincadeiras infantis, mas, também, nas artes, na filosofia, nas ciências e em todas as atividades, sendo constitutivo da sociedade humana. Huizinga afirma:

> Na criação da fala e da linguagem, brincando com essa maravilhosa faculdade de designar, é como se o espírito estivesse constantemente saltando entre a matéria e as coisas pensadas. Por detrás de toda expressão abstrata se oculta uma metáfora, e *toda metáfora é jogo de palavras*. Assim, ao dar expressão à vida, o homem cria outro mundo, um mundo poético, ao lado do da natureza (HUIZINGA, 2000, p. 8, grifos nossos).

Entendemos que o sentido atribuído por Huizinga à capacidade de brincar é semelhante à noção de capacidade imaginária do ser humano, tal como definida pelo filósofo Cornelius Castoriadis:

> Falamos de imaginário quando queremos falar de qualquer coisa "inventada" – quer se trate de uma "invenção absoluta" (uma história imaginada com todos os detalhes) ou de um deslizamento, de um deslocamento de sentido ou de símbolos que, já disponíveis, são investidos de outras significações que não são as "normais" ou "canônicas" (CASTORIADIS, 1982, p. 154).

É justamente a capacidade de brincar que permite o questionamento, a desconstrução de sentidos cristalizados e a invenção de novos sentidos diante da realidade social já simbolizada através das mais diferentes formas. É a capacidade de brincar – e o imaginário, como seu correlato – que permite o desenvolvimento do pensamento para além das fronteiras do que já está historicamente dado.

O jogo como produto do imaginário e da capacidade humana de brincar

O jogo é um produto da capacidade humana de brincar, que, para Huizinga (2000), é também uma necessidade. O brincar – e seu subproduto, o jogo – está ligado às noções de prazer e alegria, mas não necessariamente ao gracejo ou a situações cômicas. O jogo não se limita a ser uma válvula de escape ou uma preparação para as atividades "sérias" da cultura. Ele colabora na construção da própria cultura.

Huizinga (2000) define o jogo como uma atividade livre de interesses materiais, praticada dentro de limites espaciais e temporais próprios, seguindo regras próprias. Nem mesmo quando tem relação com um conjunto de interesses (por exemplo, um torneio de futebol no qual se angaria muito dinheiro) ele deixa de ser um jogo. Dentro de seu tempo e seu espaço, socialmente delimitados, o jogo não se pauta pelos interesses externos e depende do desempenho dos jogadores. No exemplo dado, mesmo os interesses que cercam a atividade desportiva não são – ou, a rigor, não deveriam ser – razão para definir o resultado do jogo.

Contudo, se as regras forem burladas para se alcançar lucros ou privilégios, falamos que o jogo não foi válido. Portanto, o jogo não visa a satisfazer os interesses imediatos de seus participantes. Antes, obriga os jogadores a compreender e seguir regras, a negociar seu desejo de poder com seus adversários. E estes, ao contrário das guerras reais, são parceiros no mesmo empreendimento humano. Para ganhar, é preciso desenvolver competências. Além disso, pode-se obter prazer pelo simples fato de se engajar na atividade lúdica, interagir e viver o processo. Por isso, diz Huizinga (2000, p. 11), o jogo pertence, "em todas as suas formas mais elevadas, ao domínio do ritual e do culto, ao domínio do sagrado", e carrega um sentido de desenvolvimento das capacidades humanas e de superação de si mesmo.

Um fator importante para o conceito de jogo é a existência de regras. Todo jogo tem suas regras. São elas que determinam aquilo que "vale" dentro do mundo temporário e imaginário circunscrito pelo jogo e que, por isso mesmo, carrega sempre uma tensão:

> Embora o jogo enquanto tal esteja para além do domínio do bem e do mal, o elemento de tensão lhe confere um certo valor ético, na medida em que são postas à prova as qualidades do jogador: sua força e tenacidade, sua habilidade e coragem e, igualmente, suas capacidades espirituais, sua "lealdade". Porque, apesar de seu ardente desejo de ganhar, deve sempre obedecer às regras do jogo (HUIZINGA, 2000, p. 12).

Podemos deduzir que o jogo favorece os agrupamentos sociais, não somente porque agrega pessoas, mas porque pode facilitar, através de suas regras, a continuidade das relações, a autogestão dos sentimentos de hostilidade e de competição, a aprendizagem sobre o ponto de vista do outro e o respeito à alteridade. Os jogadores, além de seguirem regras e obterem satisfação, têm consciência, latente ou manifesta, de estar "fazendo de conta".

Por exemplo, quando uma criança representa algo diferente de si mesma (ser pai ou mãe na "brincadeira de casinha"), ela tem a oportunidade de se engajar no prazer do jogo, acreditando em suas possibilidades imaginárias (sua capacidade de *vir a ser* pai ou mãe) sem perder o sentido da realidade cotidiana. Jogar é encenar outra possibilidade de ser, é reafirmar a possibilidade de vir a ser e é *imaginação*, no sentido forte do termo.

Nesse caminho, Huizinga (2000) aborda também a dimensão competitiva do jogo (que ele nomeia *agôn*), em que cada qual quer superar a si mesmo e ao outro. A competição no jogo também estaria ligada à capacidade criadora de cultura, porque colabora com o desenvolvimento das capacidades humanas e porque se desenvolve dentro de regras consideradas válidas pelos participantes. É no reconhecimento de sua natureza lúdica, e não destrutiva, que o jogo pode ser apreciado.

De fato, a dimensão da cooperação se faz presente mesmo em jogos competitivos, pelo simples fato de o jogo ser jogo, isto é, de se desenvolver através de regras acordadas entre os participantes. A cooperação não deve ser compreendida como ausência de conflitos ou competitividade. Conduzida por meio de regras consensuais, a competição está relacionada a uma disputa entre os sujeitos, mas não está relacionada a uma situação de antagonismo, em que a meta é a destruição do outro. Tomando por base tais formulações, sugerimos que os jogos possibilitam o trabalho com conflitos e a criação de regras consensuais que nem sempre são democráticas, mas que podem abrir caminhos para a construção democrática, especialmente nos processos educativos.

Todavia, é importante ressaltar a existência, em nosso contexto social e histórico, de diferentes formas de violência que surgem a partir da exploração comercial e empresarial de jogos. Entendemos que isso não desqualifica a contribuição teórica de Huizinga. Pelo contrário, reafirma o caráter sociocultural da atividade lúdica. Os grupos organizados que apelam para a truculência, os jogos de computador que estimulam a violência, as disputas que se traduzem em ataques físicos, todas essas manifestações surgem justamente da negação do caráter do jogo como um pacto organizado por regras válidas geradas no consenso. Outros elementos, de caráter econômico, político e social, concorrem para recalcar e corromper a capacidade de negociar e dialogar, em diferentes dimensões, fazendo pender a balança para os elementos destrutivos, estes também presentes nos indivíduos e nos grupos humanos.

Huizinga (2000) argumenta que a civilização não pode existir sem um elemento lúdico, porque este implica, para o ser humano, o reconhecimento dos limites de sua existência em sociedade, ou seja, o reconhecimento de que sempre existe uma dose de ilusão nas ações humanas, a consciência de que a realidade é social e historicamente construída. Portanto, para que uma atividade possa ser considerada um jogo, é necessário algo mais que limites e regras. É necessária a consciência sobre a capacidade criadora do ser humano, que pode ser usada para obter prazer ou dor, para a destruição ou para a construção da vida em sociedade.

Para compreender esse ponto, é preciso ouvir Huizinga, quando ele se pergunta se a guerra poderia ser considerada um jogo e, mais ainda, se seria possível que continuasse a ser um jogo mesmo para aqueles que são agredidos, aqueles que lutam por seus direitos e por sua liberdade. O autor nos dá uma resposta contundente: "O que torna séria uma ação é seu conteúdo *moral*" (HUIZINGA, 2000, p. 150). Portanto, a guerra não seria um jogo, uma vez que moralmente não se sustenta como jogo. E o autor acrescenta:

> Sempre que nos sentirmos presos de *vertigem*, perante a secular interrogação sobre a diferença entre o que é sério e o que é jogo, mais uma vez encontraremos, no domínio da *ética*, o ponto de apoio que a lógica é incapaz de oferecer-nos (HUIZINGA, 2000, p. 152, grifos nossos).

Percebemos também no trecho citado uma alusão aos limites humanos, limites que somos chamados a expandir nas malhas do cotidiano e nas tramas da história. E que, na medida em que os desafiamos, corremos também o risco de perder as referências dos nossos objetivos e valores. Por isso, o jogo, como capacidade de imaginar e de experimentar, precisa não somente de regras (que levem à contenção do conflito), mas também de reflexão sobre essas regras – ou seja, da compreensão sobre sua validade, em uma dimensão ética –, que seria uma base legítima para a cooperação.

Explorando o pensamento de Hans-Georg Gadamer, Marcos Alexandre Alves (2011) afirma que, para aquele autor, o saber se constitui como um jogo e como uma representação. A relação pedagógica só se torna possível pelo diálogo. Nem quem ensina nem quem aprende podem se entrincheirar atrás de uma postura rígida e arrogante de quem detém a verdade. O diálogo é um espaço de compreensão mútua onde se pode elaborar questões e respostas, levando-se em conta a singularidade de cada pessoa. Exige que os envolvidos encontrem espaço para expor suas representações sobre o mundo e que estejam abertos para mudar suas posições a partir das relações com o outro. Na relação pedagógica, o diálogo se coloca como um jogo, no que esse conceito tem de abertura para a experiência e a alteridade.

Certamente, a metáfora do jogo e da capacidade de brincar têm tido um importante lugar na filosofia contemporânea. Porém, tal discussão ultrapassa os limites do presente capítulo. Vamos nos ater à relevância dos jogos como instrumentos pedagógicos na EDH, estimulando a reflexão e a cooperação e colaborando para a construção de uma cultura de paz.

Os jogos como estratégia de elaboração da cooperação e do conflito

O antropólogo Roger Caillois publicou, em 1958, *Os jogos e os homens*, no qual dialoga com Huizinga a respeito do lúdico na sociedade, classificando a natureza social dos jogos a partir de quatro elementos (CAILLOIS, 1990; ANJOS, 2005; PICOLLO, 2008):

Agôn: é o jogo predominantemente competitivo e que ressalta o mérito de cada jogador. Idealmente, deve oferecer condições igualitárias de competição, para que vença o mais competente, o que nem sempre acontece, por causa das diferenças sociais e individuais.

Alea: é o jogo em que o acaso, a sorte ou o destino decide os resultados, como em uma loteria. Os jogadores não precisam desenvolver habilidades, e pode-se dizer que são passivos. Porém, também é possível pensar que no jogo de *alea* existe uma atividade que se traduz pela competição com o imprevisível (a "sorte"). Enquanto *agôn* confia na maestria individual, *alea* seria uma entrega ao destino, apontando para uma visão fatalista, mas também produzindo a sensação imaginária de poder do sujeito sobre o destino, caso os resultados lhe sejam favoráveis.

Mimicry: é o jogo em que predomina a função da *mímesis*, isto é, de imitação ou do "como se". Os participantes adotam um papel ou uma identidade de personagens reais ou imaginários. No "faz-de-conta", os sujeitos encontram um prazer em ser, imaginariamente, outro ser, como as crianças que brincam de ser mãe de uma boneca ou como adultos que usam fantasias em um baile de carnaval. Em alguns jogos de tabuleiro, cada jogador assume ser uma personagem. Trata-se de jogos que brincam com "se eu fosse..." ou "se as coisas fossem...". As habilidades são referentes à fantasia, ao raciocínio e à criatividade. Envolvem o sentimento de alteridade, isto é, a capacidade de perceber a existência do outro e de lhe atribuir significados, sentimentos e pontos de vista.

Ilinx: o termo *ilinx*, em grego, deriva de *ilingos*, que significa "vertigem". É o jogo que envolve a busca da ultrapassagem dos limites da percepção humana, produzindo uma vertigem ou um transe físico ou psíquico. Um exemplo é a brincadeira das crianças de rodar rápida e continuamente, desafiando a sensação de tonteira.

Refletindo sobre essa classificação, entendemos que todos os seus elementos podem estar simultaneamente envolvidos nos jogos educativos. Imaginemos um jogo de tabuleiro no qual os jogadores se empenhem em competir e provar suas competências – *agôn* – a partir de respostas a perguntas sorteadas ao longo da partida. Ora, por mais que um jogo seja organizado a partir das habilidades dos jogadores, contém sempre um componente de *alea*, ou seja, de imprevisibilidade – a noção de que não se pode conhecer de antemão as perguntas, as respostas e os resultados, e que, portanto, surpresas acontecem... Isso pode se dar, por exemplo, quando o jogador lança os dados sobre o tabuleiro para mover os seus peões ou quando sorteia uma pergunta.

Já a solicitação de reflexão, a partir da discussão de casos ou problemas, exige do jogador que se coloque "no lugar do outro" (*mimicry*) e que tente pensar como esse outro se sentiria ou agiria em dadas circunstâncias. Nesse caso, surgem pontos de identidade e de diferença entre os jogadores.

Enfim, falamos em vertigem (*ilynx*) relacionada à sensação de testar os próprios limites. Entendemos que essa sensação está presente nos jogos que desafiam os valores e a identidade dos participantes, demandando uma reflexão sobre seu jeito de ser no cotidiano e nas relações sociais. Na medida em que os jogadores desconstroem seus conceitos e preconceitos, podemos entender que são questionados em sua identidade social. Associamos isso à coragem de passar por situações desafiantes e aprender novas possibilidades de pensar sobre a experiência.

Enfatizamos que, quando o jogo conta com um mediador, como no caso de uma intervenção educativa, é criada uma situação em que tanto a cooperação quanto o conflito podem vir a ser objeto de reflexão. Essa situação pode ser pensada a partir de teorias educativas, como em Paulo Freire, e também de teorias sobre grupos, como nos grupos operativos (Pichon-Riviere, 1988), nas oficinas de dinâmica de grupo (Afonso *et al.*, 2006) e nas rodas de conversa (Afonso; Abade, 2008).

De maneira sintética, podemos sugerir que os jogos voltados para a EDH podem ser pensados como cooperativos quando o mediador e o grupo trabalham com as dimensões propostas por Caillois: competição com base no desenvolvimento de competências; auto-organização diante da imprevisibilidade dos resultados; diálogo para desenvolver a capacidade de compreender o ponto de vista próprio e o do outro, bem como para imaginar criativamente novas situações sociais; e o enfrentamento dos desafios contidos na transformação de sentidos e valores. Acreditamos que esses elementos podem ser utilizados como auxiliares na elaboração dos conteúdos e dilemas associados à EDH, tal como discutidos no primeiro capítulo deste livro.

Utilização de jogos educativos em contextos escolares e não escolares

Por muito tempo, no campo da educação, a relação entre ludicidade e aprendizagem foi pensada de maneira dicotomizada. A visão tradicional operava uma separação categórica entre brincar e aprender, excluindo o brincar da escola ou restringindo-o a momentos muito específicos, como o "recreio". Essa visão vem sendo superada em favor de posturas que associam a necessidade da criança de brincar e a relação entre brincar e aprender (CARVALHO; ALVES; GOMES, 2005).

No entanto, ainda existem diferentes pontos de vista sobre essa questão. Uma posição estabelece que brincar é fundamental para a criança e que esta deve ter espaços e tempos na escola para tal sem que isso tenha de ser vinculado à aprendizagem (LORDELO; CARVALHO, 2003). Outra defende que, justamente por ser tão importante para os processos sociais e psicológicos, o brincar deve ser utilizado como um meio de incrementar a aprendizagem de conteúdos e competências (NAVARRO; PRODÓCIMO, 2012). Ou seja, há um debate entre o brincar livre/espontâneo, essencial para o desenvolvimento psicológico, e o brincar como estratégia pedagógica ativa e participativa para estimular e facilitar a aprendizagem (CARVALHO; ALVES; GOMES, 2005).

Por exemplo, Mariana Stoeterau Navarro e Elaine Prodócimo (2012, p. 645) argumentam que "favorecer a brincadeira na educação infantil não significa simplesmente deixar que as crianças brinquem sem que seja feita nenhuma intervenção". Isso porque a brincadeira é sempre uma atividade que existe dentro da cultura. Dessa maneira, não existiria, a rigor, uma ação de brincar totalmente espontânea, no sentido de ser separada de suas contingências sociais e culturais. A mediação do educador não deve ser percebida necessariamente como uma intervenção invasiva, uma vez que pode favorecer uma interação na qual a criança participe, levando em conta seus interesses, sua subjetividade e sua forma de perceber a atividade. Segundo Navarro e Prodócimo (2012), a não intervenção é que pode, em diversas ocasiões, ser entendida como *abandono pedagógico*. Assim, as autoras defendem que os educadores promovam o brincar das crianças nos processos educativos como forma de estimular seu desenvolvimento integral.

De fato, a capacidade de brincar é fundamental para o desenvolvimento do ser humano individual. Não apenas veicula valores e competências, como também permite lidar com as dificuldades vividas ao longo da infância e da adolescência, enfrentando medos, perdas e desejos inquietantes. Essa capacidade acompanha o ser humano em todas as fases da vida, estando articulada ao próprio investimento na existência. Quando brincamos com um bebê, cobrindo e descobrindo o nosso rosto e lhe dizendo "cadê?" e, em seguida, "achou!", ele vai construindo, dentro de seu tempo subjetivo, a noção de ausência e de presença, o ensaio com as suas emoções (apreensão, surpresa, medo, alegria), entre outros aspectos. A capacidade humana de brincar permanece ao longo da vida, porque está associada ao pensamento e à imaginação. Porém, não tem em si mesma uma referência moral, podendo ser fonte de construção ou de destruição.

A própria capacidade de simbolizar exige a de representar um objeto ausente, através do símbolo. Ora, só se percebe a ausência de um objeto quando este já era, anteriormente, conhecido e já estava investido de uma carga afetiva, de amor ou ódio, de medo ou prazer, e assim por diante. Portanto, o símbolo que substitui o objeto, preenchendo sua ausência, também vem carregado de afeto. É a capacidade de brincar – e, podemos dizer, de imaginar – que torna possível, ao mesmo tempo, a emergência do pensamento e a elaboração das emoções.

Para refletir

É importante preservar a dimensão lúdica da aprendizagem mesmo quando não há jogos ou brincadeiras envolvidas. Trabalhar com a dimensão lúdica não significa ter de desenvolver brincadeiras e jogos o tempo todo, embora estes tenham seu valor educativo. Pode haver ludicidade no laboratório, no ensino de matemática, na escrita de uma redação e em toda atividade intelectual e reflexiva, na escola ou fora dela. Trata-se, então, de buscar estratégias criativas e produtivas para trabalhar com a dimensão lúdica nos diferentes contextos educativos e para fins eticamente válidos. Isso é especialmente importante para a EDH.

As regras do jogo permitem, ao mesmo tempo, a expressão, a comunicação e a realização da complexidade da interação humana, na medida em que delimitam um contexto e uma direção. Essa é a visão de Donald Woods Winnicott

(1975), quando explora a relação entre o brincar e a realidade. Brincar ajuda a dar nome à angústia do ser humano diante dos desafios da vida e da realidade e desenvolve a criatividade para encontrar saídas para tais desafios.

O jogo, com suas regras e linguagens, permite que o ser humano – em todas as idades – possa expressar desejos, elaborar ansiedades, dedicar-se ao prazer da criatividade e escapar à rotina da vida cotidiana. Está ligado tanto às funções mais básicas (de catarse e de busca de satisfação) quanto às mais complexas (da elaboração simbólica e da regulação das relações sociais) (PEDROZA, 2005). Além disso, como lembra Tamara Grigorowitschs (2010), os jogos proporcionam comunicação com outras pessoas, objetos, animais e ambientes, além de mobilizar o repertório cultural. Assim, tem um papel estruturante na construção da identidade pessoal e da socialização infantil.

É interessante notar que, nesse sentido, brincar equivale a uma postura ativa do sujeito diante dos desafios da realidade, negociando e criando com aquilo que o mundo lhe oferece. É um processo que leva a conhecer o mundo para transformá-lo, aproximando-o do desejo do sujeito, dentro das negociações compreendidas como possíveis. Nele, o sujeito mobiliza todos os seus recursos subjetivos. Envolve o (re)conhecimento do mundo, o (re)conhecimento de si mesmo e, claro, um esforço de adequação e transformação mútua (FRANCO, 2003).

No que tange à importância das interações sociais, Maria de Fátima Queiroz e Melo (2010) discutiu como os jogos informais dentro da cultura – no caso, a brincadeira de empinar pipas – podem ser formas privilegiadas de transmissão cultural. Os jogos têm grande importância na maneira como as pessoas constroem suas identidades pessoais e sociais, elaboram regras de convivência, desempenham papéis sociais, incorporam (e modificam) normas culturais e lidam com os sentimentos mobilizados pela brincadeira. O conhecimento acontece justamente porque existe um processo de correr riscos, de se interessar em saber, de colocar verdades à prova e, por fim, de reinventar o mundo e a nós mesmos (QUEIROZ E MELO, 2010). Entretanto, conforme argumentam Alysson Massote Carvalho, Maria Michelle Fernandes Alves e Priscila de Lara Domingues Gomes (2005), mesmo quando reconhecem que o brincar é fundamental para o desenvolvimento integral da criança, as instituições educativas (e muitos professores) não o estimulam em sua prática cotidiana, separando o que é brincar e o que é atividade séria. Para os autores, a atividade lúdica poderia ser usada para incentivar a aprendizagem, mas não deveria ficar restrita a essa função, uma vez que tem um papel muito importante no desenvolvimento integral da criança.

> *Para refletir*
> A EDH pode mesclar situações de ensino-aprendizagem estruturadas com situações lúdicas, em que os participantes são instigados a questionar e recriar sentidos. Conforme argumenta José Marcos de Oliveira Cruz (2008), os educadores podem fazer uma *bricolagem* – não se limitar a seguir um manual pronto ou a repetir o que já existe, mas recriar a partir dos recursos disponíveis e dos saberes compartilhados com os educandos. Cada processo é único e está relacionado à singularidade do grupo.

Pensando tanto na infância quanto nos demais ciclos da vida, propomos que a educação deva buscar conjugar, de maneira equilibrada e articulada: (1) a valorização do brincar/jogar em si mesmo, como tempo e espaço para a construção do sentimento de identidade pessoal e das interações sociais, tanto no desenvolvimento das crianças quanto em situações que envolvam criatividade para adolescentes e adultos de todas as idades; (2) o reconhecimento e o incentivo à dimensão lúdica existente no próprio processo de ensino-aprendizagem, bem como a utilização de jogos para incentivar a aquisição de conhecimentos e o desenvolvimento de competências; (3) a utilização de jogos e outros recursos fundados na cultura e na criatividade, em ações e projetos que visem ao desenvolvimento de valores, ao autoconhecimento, ao conhecimento do outro, ao respeito à alteridade e à reflexão sobre a vida e suas mudanças desejáveis e possíveis. O diálogo é essencial, especialmente quando se trata de pensar a EDH.

Vejamos algumas experiências de utilização de jogos para mediar processos educativos em contextos escolares e não escolares. Elas ressaltam que os jogos contribuem para a promoção da cooperação e da reciprocidade e favorecem o desenvolvimento de uma postura ativa e crítica, contextualizando e analisando o conhecimento transmitido. É importante esclarecer que todas essas experiências contam com a ação de um educador que acompanha e orienta a aplicação e os desdobramentos dos jogos.

Nelma Baldin *et al.* (2011) elaboraram e aplicaram jogos educativos sobre meio ambiente para crianças e jovens adultos, promovendo resultados significativos para desenvolvimento da consciência sobre a questão ambiental. Houve a construção de vínculos com a comunidade onde o estudo foi desenvolvido, os quais facilitaram a aprendizagem e a participação dos sujeitos. Revendo a ideia de que a aprendizagem se processa de níveis mais fáceis aos mais complexos, as autoras apontam que o momento lúdico proporcionado pelos jogos não contradiz a aprendizagem de outras informações complexas. Pelo contrário, ele pode ser complementar ao processo de aprendizagem.

A correlação entre a presença de jogos de regras na escola e o desempenho cooperativo dos estudantes foi analisada por Ana Paula Sthel Caiado e Claudia Broetto Rossetti (2009). As autoras argumentam que as atividades lúdicas permitem que a criança possa organizar seus pensamentos de maneira mais coerente, refletir sobre sua conduta e, ainda, desenvolver a capacidade de reciprocidade, essencial para que se engaje em relações de cooperação e solidariedade. Os jogos de regras introduzem a reciprocidade social entre as crianças. O diálogo favorece o raciocínio, a reflexão e a capacidade de cooperar, e esta, por sua vez, favorece o desenvolvimento do raciocínio na criança, facilitando a construção de noções como igualdade e justiça.

Caiado e Rossetti (2009) enfatizaram a importância da sociabilidade e da cooperação no contexto escolar. Silvio Sena e José Milton de Lima (2009) também reafirmam a potencialidade dos jogos de regra para criar contextos cooperativos, nos quais o diálogo é incentivado e os conflitos podem vir a ser mediados, sempre contando com a presença de educadores. Além disso, atividades lúdicas têm sido apresentadas como formas de incentivar e facilitar a aprendizagem de conteúdos diversos em diferentes níveis de ensino, tais como matemática (SILVA; LEVANDOSKI, 2008), letramento (KISHIMOTO et al., 2011) e ciências (ROSADAS, 2012; OLIVEIRA, 2012).

Os jogos foram enfatizados como estratégias de aprendizagem e reflexão também em outros contextos educativos. Por exemplo, Gisele Coscrato, Juliana Coelho Pina e Débora Falleiros de Mello (2010) fizeram uma revisão sistemática de literatura a fim de identificar intervenções lúdicas educativas em saúde. Para as autoras, a educação em saúde precisa ir além da transmissão de informações e abranger a troca de experiências de vida por meio de metodologias ativas, atribuindo-se grande importância à motivação e à participação dos educandos. Nesse processo, é essencial a existência de mediações, tais como a presença de um educador e o uso de materiais interativos (como dinâmicas e jogos) que facilitem o envolvimento dos sujeitos, o trabalho de interpretação e a apropriação do conhecimento em seu contexto de vida.

Os sujeitos precisam ser chamados a refletir e a contribuir para as mudanças de maneira ativa, e não simplesmente como objetos de uma mudança comportamental controlada por outrem. Coscrato, Pina e Mello (2010) observam que as intervenções educativas, por si sós, não garantem mudança de comportamento e melhoria na qualidade de vida. São necessárias ações nas dimensões social, cultural, econômica e política para dar sustentabilidade às mudanças desenvolvidas no terreno da educação. A seguir, citamos algumas experiências relevantes.

Simone Souza Monteiro, Eliane Portes Vargas e Sandra Monteiro Rebello (2003) relatam a utilização, com estudantes da rede pública de ensino do Rio de Janeiro, do Jogo da Onda, que versa sobre a prevenção contra HIV/AIDS e uso de drogas, desenvolvido pela Fundação Oswaldo Cruz. As pesquisadoras consideraram os resultados positivos quanto ao aumento de informação, reflexão e diálogo. Contudo, como tecnologia educativa, refletia as questões de sua época, em uma realidade social mutante. Assim, recomendam que esse tipo de jogo seja atualizado de tempos em tempos. É importante avançar teoricamente na análise, na produção e no uso de materiais educativos que visam à prevenção na área da saúde e em outras áreas. As autoras lembram que os materiais lúdicos não substituem o educador e, ainda, que sua utilização deve levar em conta os programas preventivos e as políticas públicas.

Uma experiência com oficinas de educação sexual com adolescentes, em um pequeno município de Minas Gerais, foi desenvolvida por Sônia Maria Soares *et al.* (2008). Além de técnicas lúdicas, foram utilizados jogos didático-pedagógicos criados por uma das autoras especialmente para a discussão sobre sexualidade. Compreendendo-se que o acesso aos direitos sexuais e reprodutivos é fundamental para o exercício da cidadania, as oficinas incluíam tanto informações quanto o questionamento dos valores ligados à vivência da sexualidade. Segundo Soares *et al.* (2008), as oficinas ofereceram um contexto favorável para discutir mudanças de atitude por meio da informação, da reflexão e da expressão de ideias e sentimentos. Entretanto, as autoras alertam para o fato de que essa mudança é um processo que precisa ser complementado através de ações e projetos contínuos, articulados entre a escola, os serviços de saúde, as famílias e a sociedade mais ampla.

O jogo Zig-Zaids (SCHALL, 1999) é um exemplo pioneiro. Foi criado em 1991, no Laboratório de Educação em Ambiente e Saúde, da Fundação Oswaldo Cruz (Fiocruz), para discutir questões ligadas à saúde sexual e reprodutiva e à prevenção da AIDS. Organizado como jogo de tabuleiro, com perguntas e respostas em linguagem acessível, Zig-Zaids foi baseado na pedagogia de Paulo Freire, com ênfase no diálogo e na cooperação, problematizando questões vividas pelos educandos. Incluía questões reflexivas, destinadas a promover o diálogo sobre valores e atitudes. Foi elaborado e testado de forma ampla, no Brasil, para o desenvolvimento de uma versão concluída em 1999 e atualizada em 2009, com o objetivo de acompanhar mudanças na área da saúde sexual e reprodutiva, bem como de promover sua discussão na sociedade.[4]

---

[4] O jogo está disponível em <http://portal.fiocruz.br/pt-br>. Outros materiais educativos no site da Fiocruz podem ser consultados em: <http://www.fiocruz.br/jovem/cgi/cgilua.exe/sys/start.htm?tpl=home>.

Maria José Nogueira *et al.* (2011) desenvolveram, de 2006 a 2007, uma pesquisa participante com um grupo de 17 adolescentes, em uma região de alta vulnerabilidade social. Nesse processo, construíram o jogo TransAção, que serviu de instrumento para o diálogo na área da sexualidade e da saúde reprodutiva. Todo o material incluído no jogo foi discutido e construído com os participantes, através de uma linguagem lúdica, incorporando temas do seu cotidiano. Posteriormente, o jogo foi revisto por especialistas da área da saúde, a fim de verificar a qualidade das informações e obter uma versão final para ações educativas. Os autores concluíram que é possível desenvolver atividades de educação em saúde de maneira lúdica e criativa, com a participação crítica dos usuários.

Em nossa revisão de literatura, vimos que as atividades lúdicas são instrumentais importantes de ensino-aprendizagem, em contextos educativos diversos, mesmo que ainda não sejam muito praticadas nas escolas. Lembramos que a educação, como direito humano e de cidadania, bem como estratégia fundamental para o desenvolvimento das capacidades humanas, pouco significaria se fosse limitada ao desenvolvimento de habilidades técnicas, deixando ao largo a reflexão, as relações humanas e a criatividade. Entendemos que a educação deve se voltar para o desenvolvimento da vida dos sujeitos e da sociedade, em suas dimensões técnica, ética, política e estética. É nessa perspectiva que podemos compreender os jogos e os recursos lúdicos como instrumentos válidos e relevantes para a EDH.

Para refletir

Trabalhar com a dimensão lúdica não significa atuar em um contexto desprovido de regras. O jogo é uma atividade que se organiza por meio de regras, dando estrutura à atividade e ao mesmo tempo abrindo espaço para a reflexão e a criatividade. A EDH deve se manter longe dos excessos de organização (rigidez, sisudez, proibição de pensar fora dos sentidos dados) tanto quanto da desorganização (falta de referências, falta de vínculos e de confiança, ausência de regras que facilitem a formulação de perguntas e a interpretação de conteúdos).

Jogos e atividades lúdicas como instrumentos para a Educação em Direitos Humanos

Na EDH, a relação de ensino-aprendizagem deve ser democratizada, no sentido de abrir possibilidades para o crescimento mútuo e de levar em conta a motivação do educando dentro de seu contexto social e histórico. O processo de conhecimento, para Paulo Freire, carrega esse caráter duplo de conhecer o mundo e a si mesmo no mundo. Conhecer está correlacionado a ser no mundo, o que implica, muitas vezes, a necessidade de transformar o mundo para tornar possíveis (e recriar) as possibilidades do ser humano (FREIRE, 2003).

As experiências aqui relatadas nos levam a enfatizar que a EDH pode ser associada a processos lúdicos e participativos, na escola e em outros contextos. A partir delas, podemos fazer as seguintes considerações:

- Existe uma dimensão lúdica do ser humano e da sociedade que é fundamental para os processos educativos. A capacidade de brincar está ligada à capacidade de pensar, sentir e agir no mundo;

- A EDH não visa a doutrinar. É um processo educativo que requer abertura, diálogo e interdisciplinaridade. Por isso, pode utilizar metodologias ativas e participativas;

- A linguagem lúdica em EDH é importante não apenas para a transmissão de conteúdos já definidos, como também para o diálogo sobre questões ainda em debate, com múltiplos sentidos;

- A seriedade das ações educativas em EDH não está relacionada à sisudez. É dada pela ética inscrita na atividade. Daí a importância das situações de diálogo, reflexão e criatividade na EDH como formação para a cidadania;

- Na EDH, podem ser desenvolvidos projetos e ações disciplinares e interdisciplinares, estimulando-se a articulação entre os conhecimentos na formação para a cidadania. Também é de fundamental importância a interculturalidade, buscando-se aproximar a EDH da realidade dos educandos e problematizando, sempre respeitando a sua dignidade e seguindo a sua motivação, as situações vividas em seu contexto;

- O processo de questionar valores e sentidos instituídos pode levantar conflitos, medo das ideias novas e insegurança diante da mudança. Uma função importante do educador é a de oferecer sustentação e incentivo aos desafios da EDH, não apenas como informação, mas como processo de transformação humana;

- A presença do educador (ou de um mediador) é tão importante na EDH quanto nas situações de ensino/aprendizagem de conteúdos definidos. Quando o educador se implica na discussão das questões da EDH, de modo a promover a reflexão e a criatividade, ele oferece sustentação pedagógica ao processo. O vínculo de confiança no educador, como referência para a discussão de valores e significados sociais é importante nos processos de EDH;

- A EDH é importante tanto na escola quanto em outros contextos educativos. Potencialmente, cada cidadão é um educando interessado na EDH, a partir de suas situações específicas: no trabalho, na família, nas instituições diversas. Assim, ações de EDH devem também ser dirigidas à comunidade. Toda a rede de serviços pode ser implicada nas ações de EDH, assim como ONGs e outras instituições sociais;

- A EDH deve ser coerente – embora não deva incentivar o conformismo – com as políticas públicas e as leis existentes, de forma a gerar um processo de reflexão dentro do contexto de vida dos educandos;

- A sustentabilidade da EDH na escola e na sociedade não dependerá apenas de ações educativas, mas também da existência de políticas públicas consistentes e leis efetivas. Assim, a EDH não se colocará como um discurso vazio e poderá se referenciar tanto nas questões sociais quanto nas condições existentes para refletir sobre tais questões.

Neste capítulo, discutimos como a EDH se dá a partir do equilíbrio (nunca perfeito) entre o acesso ao saber constituído (que é, afinal, um bem social) e a apropriação reflexiva e criativa desse saber. Não há construção sem momentos e espaços de desconstrução, e nem há reconstrução em terrenos desertos. São faces de um mesmo processo de ensino/aprendizagem. Assim, refletimos sobre a utilização de recursos lúdicos na EDH. No próximo capítulo, vamos abordar, de maneira mais detalhada, nossa experiência na construção de jogos educativos em direitos humanos, tentando contribuir para a elaboração de instrumentais para a EDH.

CAPÍTULO 3

Criando jogos para a Educação em Direitos Humanos

Neste capítulo, nosso objetivo é conversar sobre a criação de jogos para projetos de Educação em Direitos Humanos (EDH) e formação para a cidadania. Inicialmente, faremos uma breve revisão de pontos fundamentais discutidos nos capítulos 1 e 2 deste livro. Isto é importante para compreender a articulação entre a teoria e a prática e, assim, evitar tratar a construção do jogo como uma atividade isolada. Em seguida, utilizando o exemplo do jogo Trilhas da Cidadania, tentaremos mostrar, passo a passo, como ele foi construído, fazendo uma pequena reflexão sobre cada uma das etapas. Ao final, fazemos considerações sobre a dinâmica da criação e utilização dos jogos em EDH, de forma compartilhada com os educandos e em diferentes contextos educativos.

Sintetizando a discussão sobre Educação em Direitos Humanos, cidadania e o uso de recursos lúdicos

No primeiro capítulo deste livro, abordamos a EDH como formação para a cidadania. No segundo capítulo, discutimos a relevância das atividades lúdicas para projetos em EDH. Abaixo, procuramos sintetizar essa discussão em 12 pontos fundamentais:

(1) A EDH deve ser o fundamento dos processos educativos que visam ao ser humano de maneira integral, respeitando sua dignidade e suas potencialidades;

(2) A EDH não pode se limitar a ser um mero repasse de informações e precisa promover o diálogo e manter a abertura necessária para novas questões que advêm das conquistas de cidadania, isto é, do *direito a ter direitos* e do pertencimento a comunidades políticas;

(3) A EDH deve buscar equilibrar a discussão sobre os direitos já conquistados (universalidade) com o debate que surge das novas reivindicações sociais (particularidade);

(4) Por um lado, a EDH deve ser coerente com as políticas públicas e as leis existentes, de forma a gerar um processo de reflexão dentro do contexto de vida dos envolvidos. Por outro lado, para que a EDH possa ganhar sustentabilidade, é crucial que existam políticas públicas e leis que promovam, protejam e garantam os direitos humanos de maneira efetiva;

(5) A EDH deve ser compreendida como formação para a cidadania. Nesse sentido, deve promover a cidadania emancipatória, por meio da reflexão e da participação em projetos e ações na escola, na comunidade e na sociedade. Formação, aqui, quer dizer um processo dialógico que prepara para o exercício da cidadania no que diz respeito ao conhecimento das leis e no desenvolvimento de competências para a participação na sociedade e na cultura;

(6) Os projetos e ações em EDH precisam levar em conta os educandos, suas motivações e seus contextos socioculturais, podendo ser desenvolvidos em disciplinas específicas e/ou em projetos interdisciplinares. Nesse sentido, deve haver abertura para a interculturalidade, buscando-se aproximar a EDH das diferentes realidades vividas pelos educandos;

(7) A EDH requer diálogo e interdisciplinaridade. Por isso mesmo, pode ser auxiliada por metodologias ativas e participativas no processo educativo. Dentre essas metodologias, podemos incluir os processos lúdicos e os jogos;

(8) Na EDH, a linguagem lúdica pode facilitar a discussão de conteúdos já definidos e de novas questões em debate. A seriedade das ações educativas em EDH não está relacionada à sisudez. Antes, é dada pela ética inscrita na atividade. Assim, as atividades estruturadas (como aulas e palestras) podem ser mescladas com atividades lúdicas (como jogos e dinâmicas de grupo) em um conjunto de ações dentro de projetos educativos;

(9) Para trabalhar com jogos na EDH, é preciso organizar as regras, o espaço e o tempo da atividade. Ao lado da organização, é importante haver flexibilidade para a participação e o diálogo. Situações de ensino-aprendizagem estruturadas podem ser mescladas com situações lúdicas, em que os participantes são instigados a questionar e recriar sentidos;

(10) O vínculo de confiança com o educador (ou mediador) é muito importante para oferecer sustentação ao processo de reflexão na EDH. A discussão sobre valores e práticas pode gerar dúvidas, medos e conflitos. O vínculo com o educador é importante para que os educandos se sintam incentivados a enfrentar os desafios da reflexão sobre os direitos;

(11) A EDH é importante tanto na escola quanto em outros contextos educativos. Ações de EDH devem também fazer parte da relação escola-família e escola-comunidade;

(12) Potencialmente, todo cidadão é um educando interessado em EDH. A EDH e a formação para a cidadania são processos transversais na sociedade, podendo ser desenvolvidas em diversos contextos, incluindo políticas públicas de assistência social, saúde, segurança alimentar e outras, desde que de maneira articulada à defesa dos direitos e à participação cidadã. A escola não é a única responsável pela EDH. Outras instituições e atores sociais devem se envolver, tais como famílias, comunidades, empresas, instituições das redes de serviços e universidades.

Neste livro, a proposta de se criar jogos educativos como estratégias de EDH e formação para a cidadania parte de um ponto de vista que associa a aprendizagem e a dimensão lúdica. A seguir, compartilhamos com os leitores o processo de criação do jogo Trilhas da Cidadania.

Trilhas da Cidadania[5]: a construção de um jogo pedagógico

Jogos são processos coletivos e, muitas vezes, é mais fácil inventá-los coletivamente. É um processo no qual

---

[5] O jogo Trilhas da Cidadania foi desenvolvido para o Programa de Educação para a Diversidade (Proged), vinculado à Pró-Reitoria de Extensão da Universidade Federal de Ouro Preto e coordenado pela Prof.ª Dra. Keila Deslandes. O Proged foi criado em 2008 e desenvolve ações de formação continuada para a comunidade escolar, especialmente para professores da rede pública de educação básica em Minas Gerais, tendo ampliado suas ações para outros estados, dentre os quais Acre, Bahia, Amapá, Pará e Rio de Janeiro. Trabalha temas como direitos humanos, políticas públicas, gênero, educação ambiental, diversidade sexual, dentre outros. Busca uma abordagem ampla que possibilite também a análise crítica das realidades locais, estimulando a participação, o diálogo e a criatividade. Além de Trilhas da Cidadania, foram criados os seguintes jogos: Dominó dos Objetivos do Milênio (discute os Objetivos do Milênio, conforme definidos pela ONU), Jogo da Igualdade e das Diferenças (debate direitos, violação de direitos e *bullying* no contexto escolar) e Siga o Lixo (aborda a questão da reciclagem e do meio ambiente). Os jogos podem ser acessados, gratuitamente, no site: <http://www.recimam.org>.

muitas cabeças pensando juntas podem ser mais criativas. Mesmo quando temos uma ideia individualmente, pode ser interessante submetê-la à discussão de uma equipe para buscar seu aperfeiçoamento.

A construção de um jogo pode ser um processo educativo de especial valor. Os educadores podem criar jogos sozinhos ou em equipe. Podem incluir os educandos em todo o processo de criação, desde a concepção até a confecção e o aperfeiçoamento do jogo. Nesse caso, a sua criação se transforma em uma atividade educativa em si mesma. Embora seja positivo que existam jogos prontos, como o Trilhas da Cidadania, as pessoas também podem criar seus jogos artesanalmente e modificá-los sempre que acharem necessário.

Para expor o processo de criação do jogo Trilhas da Cidadania, vamos seguir um roteiro que pode ser usado também para outros jogos. Nesse roteiro, é importante: (1) definir o tema e os objetivos; (2) desenvolver pesquisas para fundamentação e busca de materiais que vão alimentar o jogo; (3) definir o tipo de jogo, os materiais, o número de participantes e as regras; (4) criar estratégias para o aperfeiçoamento do jogo; (5) propor articulações possíveis com outras disciplinas ou atividades; (6) sugerir reflexões e dicas para os educadores ou mediadores que vão trabalhar com os jogos.

A seguir, desenvolvemos esses itens, descrevendo-os e oferecendo alguns comentários sobre eles.

Definindo o tema, o objetivo educativo e o público

Nesse item, precisamos explicar "o que" é o jogo, "para quê" e "para quem", ou seja, como construir um projeto pedagógico. O tema, o objetivo e o público do jogo Trilhas da Cidadania são descritos a seguir.

> **Tema, objetivo e público do jogo Trilhas da Cidadania**
>
> O tema do jogo Trilhas da Cidadania são os direitos humanos e os direitos de cidadania. Seu objetivo é promover a EDH e a formação para a cidadania, na escola e em outros contextos educativos, de forma lúdica e interativa. O jogo é voltado principalmente para crianças e adolescentes, mas pode ser utilizado em diversos contextos educativos que visem à formação para a cidadania.

Para explicar melhor nossos objetivos, foi necessário definir as concepções que inspiravam o conteúdo do jogo, ou seja, que concepções de direitos humanos e de cidadania nos orientavam.[6]

Os direitos de cidadania são aqueles garantidos pela Constituição Federal e pelos demais ordenamentos jurídicos vigentes em nosso país. Já os direitos humanos devem ser compreendidos em uma perspectiva mais ampla. É a visão sobre os direitos humanos que amplia nossa reflexão sobre a cidadania e a dignidade humana. Essa concepção varia ao longo da história, e os direitos humanos ganham concretude a partir dos direitos de cidadania que vão sendo conquistados. Hoje, os direitos humanos abrangem direitos civis, políticos, econômicos, sociais, culturais, sexuais, coletivos, difusos... E a discussão sobre os direitos humanos continua!

Assim, nosso jogo precisava refletir tais concepções e oferecer situações lúdicas para promover a informação, a reflexão e a discussão sobre os direitos humanos e os direitos de cidadania. Deveria ser um instrumento para introduzir ou desenvolver questões, tirar dúvidas, refletir sobre problemas, sensibilizar para outras atividades pedagógicas,

---

[6] Fazemos aqui apenas uma síntese das concepções que embasaram o jogo, uma vez que estas foram abordadas nos dois primeiros capítulos deste livro.

e assim por diante. Procuramos falar de situações diversificadas, incluindo o direito à educação, à saúde, ao trabalho, ao meio ambiente, os direitos de crianças e adolescentes, de pessoas com deficiência, de idosos, de mulheres, o direito à diversidade sexual, a igualdade entre indivíduos com diferentes etnias, etc.

Como ação educativa em EDH, o jogo deve ser coerente com o Plano Nacional de Educação em Direitos Humanos (PNEDH) e as Diretrizes Nacionais de Educação em Direitos Humanos (DNEDH), ainda que não consiga contemplar toda a gama de suas propostas.

O público visado eram crianças e adolescentes em contextos escolares e não escolares. Mas, acreditando que todo cidadão é um educando em potencial quando se trata de formação para a cidadania, nos esforçamos para construir um jogo que pudesse ser utilizado também por outros públicos, desde que adequado às diferentes situações e acompanhado de mediadores capacitados. Ou seja, pode ser utilizado no contexto da saúde, da assistência social, e assim por diante.

Por tudo isso, tornava-se fundamental embasar o jogo, de maneira consistente, no conjunto de leis e de políticas públicas de promoção e defesa dos direitos. O jogo também deveria abrir a possibilidade de discussão de novas questões que ainda não estivessem contempladas nos estatutos legais.

Desenvolvendo uma pesquisa para embasar o jogo

Realizamos uma leitura de estatutos legais, tais como: Constituição Federal de 1988, Estatuto da Igualdade Racial, Estatuto da Criança e do Adolescente, Estatuto do Idoso, Estatuto da Pessoa com Deficiência, Lei Maria da Penha, Brasil sem Homofobia, entre outros. Nesses documentos, selecionamos elementos que poderiam ser incluídos no jogo, através de casos a serem discutidos, com se verá adiante.

> **Pesquisa para embasar a criação do jogo Trilhas da Cidadania**
>
> O jogo Trilhas da Cidadania foi concebido com base em estatutos legais vigentes na sociedade brasileira, buscando também ser coerente com o PNEDH e as DNEDH.

Entretanto, é preciso lembrar que um jogo não é uma enciclopédia. O jogo pedagógico não tem a função de cobrir todas as informações possíveis sobre um tema, muito menos a de substituir outras formas mais sistemáticas de estudo e pesquisa. Portanto, a seleção de questões não seguiu a mesma lógica de um planejamento de aulas, que precisa apresentar o conhecimento de forma sequencial. Pelo contrário, fazia parte da própria concepção lúdica do jogo que a informação fosse apresentada como um quebra-cabeça que se monta de acordo com diversas lógicas possíveis.

Nos esforçamos para embasar o conteúdo do jogo nos estatutos legais, mas preservando sua natureza lúdica, ou seja, permitindo certo grau de desconstrução e reconstrução dos temas, seguindo o ritmo do jogo e o interesse dos participantes.

Como decidimos trabalhar com crianças e adolescentes, precisamos também adequar a linguagem e os conteúdos para buscar criar empatia com esse público e motivá-lo a jogar. Isso sem perder de vista a necessidade de lhes apresentar uma visão ampla e diversificada dos direitos, inclusive tocando em questões ligadas a seus contextos de vida. Era, sem dúvida, um desafio. Mas acreditamos que educadores vivem e enfrentam desafios no dia a dia de seu trabalho. E a construção de um jogo, por certo, não é o mais difícil entre eles!

Definindo o tipo de jogo, os materiais e o número de jogadores

Uma vez definidos o tema, o objetivo e o público, precisávamos escolher o tipo de jogo a ser desenvolvido. Assim, uma das primeiras perguntas que nos fizemos foi: devemos criar uma nova estrutura de jogo ou aproveitar estruturas já existentes?

Não tivemos a pretensão de criar algo sofisticado e inovador do ponto de vista da natureza e das regras do jogo. Nossa preocupação era dar expressão a um projeto pedagógico, esse sim com intenções de contribuir para a EDH.

Todos nós já experimentamos diversos tipos de jogos: desde os infantis, como amarelinha e esconde-esconde, até os de tabuleiro, cartas, esportes, e assim por diante. Quando nosso objetivo principal é pedagógico, podemos usar um conhecimento já existente para criar um novo jogo. É mesmo interessante que isso seja feito tendo como inspiração elementos da cultura dos educandos. Aqui, o processo criativo é tão importante quanto seus resultados.

Escolhemos trabalhar em uma adaptação de jogo de tabuleiro, misturando elementos clássicos (tais como o lançamento de dados, a imprevisibilidade dos lances, o uso de peões em uma sequência de jogadas) a elementos pedagógicos (tais como questões ligadas à informação e também questões interativas). Outros tipos de jogo poderiam servir aos mesmos propósitos? Sim! Nossa escolha simplesmente refletiu a necessidade de encontrar uma forma, entre muitas, para dar expressão a nosso projeto de jogo.

Trilhas da Cidadania é direcionado para um grupo de dois a seis jogadores, com o pressuposto de que há mais participação em grupos menores do que em uma sala de aula. O pequeno grupo, de interação face a face, incentiva as pessoas a se expressarem e estimula a comunicação.

Pensando em uma sala de aula com 36 alunos, serão necessários seis conjuntos de jogos, para que todos possam participar ao mesmo tempo. Em cada subgrupo, é recomendável que haja um mediador, que pode ser o educador ou outra pessoa escolhida pelo grupo para desempenhar essa função, incluindo alunos. O educador deve ficar atento aos grupos em que outra pessoa atua como mediadora, oferecendo ajuda se necessário. Quando o jogo for utilizado em outros contextos educativos, esses mesmos cuidados devem ser tomados.

À medida que o processo de criação avança, vamos percebendo que as definições de tipo de jogo, materiais, jogadores e regras são elementos interligados de um só conjunto. A definição de um deles afeta a do outro, em um trabalho de criação que vai dos detalhes ao todo, e vice-versa. A seguir, informamos o tipo de jogo, materiais e número de jogadores.

Tipo de jogo, materiais e número de jogadores de Trilhas da Cidadania

Tipo: Jogo de tabuleiro

Materiais
- 1 tabuleiro com casas numeradas de 1 a 24, em círculo. As casas podem estar em branco ou apresentar os dizeres CONVERSA LEGAL. Deve haver 6 dessas casas distribuídas no tabuleiro. Quando o jogador cair em uma casa em branco, responderá a uma carta de SITUAÇÃO-PROBLEMA. Quando ocupar uma casa de CONVERSA LEGAL, responderá a uma carta interativa;
- 1 dado;
- 6 peões de plástico;
- 32 cartas numeradas, com SITUAÇÕES-PROBLEMA relacionadas à cidadania e aos direitos humanos;
- 32 cartas numeradas, cada uma apresentando uma DICA LEGAL, baseada na legislação vigente e que ajuda a responder a situação-problema de número correspondente;
- 30 cartas de CONVERSA LEGAL, que sugerem atividades lúdicas e interativas;
- 6 cartas com a palavra CONCORDO e 6 cartas com a palavra DISCORDO.

Número de jogadores:
Grupos de 2 a 6 jogadores por tabuleiro e respectivos materiais.

Em relação aos materiais, é importante notar que eles devem ser suficientes para responder ao objetivo da atividade pedagógica, que é o de sensibilizar os educandos, sem a pretensão de cobrir a amplitude dos direitos de cidadania, tal como já comentado.

As cartas de SITUAÇÃO-PROBLEMA servem para estimular o diálogo em torno dos direitos, e para cada uma delas há uma carta de DICA LEGAL, que contém informação sobre uma lei ou norma relacionada àquela situação.[7]

Porém, o jogo não se restringe a perguntas e respostas prontas e fechadas. A informação não tem o papel de "fechar", e sim de fazer deslanchar a discussão, uma vez que as situações-problema são casos para se discutir. Dentro das possibilidades criadas, o mediador pode complementar informações e incentivar o grupo a questionar e refletir. A referência aos ordenamentos legais e à postura ética de respeito aos direitos de cidadania são importantes para evitar que alguém coloque sua opinião como "a verdade". As diferentes opiniões podem e devem ser discutidas, uma vez que se trata de um processo educativo fundado no diálogo.

O Quadro 1 apresenta dois exemplos de cartas de SITUAÇÃO-PROBLEMA, com as respectivas cartas de DICA LEGAL.

---

[7] Além da necessidade de abordar casos diversos, o número de cartas do jogo foi estimado pensando-se em uma partida em que haja seis participantes e que dure pelo menos seis "rodadas", incluindo o tempo de debate e de respostas às cartas de CONVERSA LEGAL. Foi calculada uma partida que deve durar em torno de 60 minutos. De qualquer forma, o tempo depende da discussão gerada. O jogo poderá ser aproveitado mais vezes, em um ou mais dias, se assim os participantes desejarem.

QUADRO 1: Exemplos de cartas de SITUAÇÃO-PROBLEMA e de DICA LEGAL

SITUAÇÃO-PROBLEMA	DICA LEGAL
Um menino de 8 anos de idade estava fora da escola porque não enxerga, pois é portador de deficiência visual. A escola alegou que a criança não poderia acompanhar a turma em todas as suas atividades e que a professora não poderia dar atenção individualizada para ele. Você acha que a criança tem direito a ser matriculada e a frequentar a escola? O que você acha que deve ser feito?	No Brasil, todas as crianças e todos os adolescentes têm o direito à educação em escolas regulares da rede de ensino, independentemente de suas condições físicas ou mentais.
Uma mulher de 43 anos de idade que não tem filhos está querendo muito adotar uma criança. Porém, ela não é casada. Você acha que, mesmo não sendo casada nem tendo um companheiro, ela teria o direito de adotar uma criança?	O Estatuto da Criança e do Adolescente e as leis que regulamentam a adoção no nosso país dizem que pessoas maiores de 18 anos podem adotar, independentemente de seu estado civil. A pessoa precisa ser pelo menos 16 anos mais velha do que a criança ou o adolescente que vai ser adotado(a).

Todos os casos e "dicas" do jogo foram elaborados com base em documentos legais, como dito anteriormente. Mais adiante, vendo as regras do jogo, os leitores compreenderão melhor essa relação. Nesse momento, é importante explicar que a carta DICA LEGAL não traz exatamente um artigo de lei que os estudantes devam memorizar. Não se trata de decorar leis, e sim de captar o princípio de justiça que ancora sua existência. O que a carta traz é uma forma de expressar esse princípio em linguagem cotidiana.

Assim, o jogo apresenta dicas baseadas nas leis, mas não fecha respostas. É importante deixar que os casos sejam discutidos e que haja ocasião para a reflexão sobre os direitos. Esse é o principal objetivo do jogo. Os educadores devem, a cada rodada, estimular o diálogo, esclarecendo dúvidas e permitindo que os participantes possam pensar sobre os direitos a partir das situações que vivem ou presenciam em seu contexto de vida. Nesse sentido, é interessante mesclar informações com diferentes graus de complexidade, dependendo da faixa etária do público ou de outras características. Provavelmente, o grau de informação é diferenciado no grupo. Isso não deve ser visto como um empecilho, pois pode ser um fator positivo para a troca entre os participantes, facilitando o diálogo.

Já as cartas de CONVERSA LEGAL trazem questões interativas que buscam criar no grupo um senso de compartilhamento e conhecimento mútuo. São questões ligadas à vida cotidiana, a hábitos básicos e simples, justamente para não criar constrangimento e permitir que os estudantes se comuniquem de maneira positiva. Os educadores devem prestar atenção para que essas questões sejam abordadas no grupo com simplicidade e respeito mútuo.

Exemplos de perguntas nas cartas de CONVERSA LEGAL

– Você tem vontade de conhecer como é a vida de crianças e adolescentes em outros países?
– Você tem uma comida preferida? Qual?
– O que você acha que poderia ser feito para melhorar os direitos humanos na sua cidade?

É relevante lembrar que à medida que o educador reforça as regras cooperativas, o jogo se torna também uma ocasião para ensino-aprendizagem. Em vez de estimular a competição (para ver quem sabe mais), deve-se promover a comunicação, a cooperação (possibilitando que todos possam contribuir a partir de sua experiência, seu tipo e seu nível de conhecimentos) e a interação (através das questões interativas).

O mais importante é a busca de informações, e não o cômputo de respostas certas ou erradas. É uma ocasião importante para que os alunos falem sobre suas dúvidas e experiências. Enquanto o jogo como atividade lúdica levanta o interesse pelas perguntas e respostas, em seu caráter pedagógico o mais importante não é a pontuação de cada participante nem as respostas certas ou erradas, e sim a possibilidade de transmitir informação e gerar reflexão.

Recomenda-se que o educador leia o material da atividade lúdica antes de iniciá-la, para que possa acompanhar as questões e o debate. Na medida do possível, é interessante que também busque mais informações sobre os direitos de cidadania e os estatutos legais existentes, colocando-se cada vez mais à vontade para utilizar o jogo como recurso didático-pedagógico.

O mediador deve estimular a participação e a comunicação, evitando transmitir como verdades crenças próprias que não tenham fundamento na legislação. Entretanto, pode e deve estimular a reflexão sobre novos temas, sem a obrigação de trazer respostas fechadas sobre eles.

Depois de falarmos do tema, dos objetivos, do público, do tipo, dos materiais e do número de jogadores, passamos à descrição das regras que darão a dinâmica do jogo. Como já foi dito, a construção do jogo é um processo que implica dar unidade a todos esses elementos.

Regras do jogo Trilhas da Cidadania

1) O mediador coloca o tabuleiro, os peões e o dado no centro do grupo. Em seguida, embaralha separadamente os cartões de SITUAÇÕES-PROBLEMA e os cartões de CONVERSA LEGAL, formando dois conjuntos que serão colocados lado a lado, com a face escrita para baixo. Observe-se que é importante embaralhar o conjunto de cartões de SITUAÇÕES-PROBLEMA, para que o jogo possa acontecer de maneira lúdica, sem perder a imprevisibilidade do sorteio da pergunta. O mediador fica com o conjunto de cartões de DICA LEGAL, para que possa oferecer a dica legal correspondente à situação-problema que estiver sendo respondida na hora do jogo;

2) Os participantes ficam em círculo, em torno do tabuleiro. Cada participante recebe um cartão com o dizer CONCORDO, um cartão com o dizer DISCORDO e um peão, que será colocado na casa inicial do tabuleiro. Em seguida, sorteia-se quem vai começar a partida e a sequência de jogadas (horária ou anti-horária). Seguindo essa sequência, cada participante, respeitando a sua vez, jogará o dado e andará com o seu peão o número de casas correspondente ao número sorteado;

3) Caso o peão caia na casa de CONVERSA LEGAL, o participante deve tirar uma carta de cima do monte de cartas correspondente, ler e responder a sua pergunta, em voz alta. Nesse momento, os demais jogadores podem, se assim o desejarem, fazer uma pergunta ao participante, que responderá também na medida de sua motivação. Isso deve ser feito na mesma sequência adotada para o jogo, evitando-se demorar demasiadamente. O mediador ajuda a manter o clima de cooperação no grupo, incentivando, porém não forçando, os jogadores a fazer ou a responder perguntas;

4) Caso o peão caia em uma casa em branco, o jogador deve pegar um cartão do monte de situações-problema e lê-la em voz alta para o grupo (se necessário, o mediador pode ajudar nessa tarefa). Em seguida, o jogador tenta dar uma resposta à pergunta. Depois que o jogador responder à pergunta, o grupo é convidado a discutir o tema, podendo dar outras respostas e justificando a sua posição. Sugere-se que essa discussão ocorra em até cinco minutos; o mediador pode avaliar a pertinência de diminuir ou aumentar o tempo de discussão;

5) Depois da discussão do grupo, o mediador deve ler o conteúdo da carta DICA LEGAL com a numeração correspondente à da SITUAÇÃO-PROBLEMA. Em seguida, pergunta ao grupo se a resposta do colega foi coerente com a DICA LEGAL. Cada participante mostra, então, um dos cartões com os dizeres CONCORDO ou DISCORDO. Se a maioria concordar que existe coerência da resposta do participante com a DICA LEGAL, o jogador poderá manter seu peão na casa para a qual avançou. Caso a maioria do grupo discorde, terá de voltar para a casa onde estava antes de jogar o dado. Se houver divergências, é uma boa ocasião para que o mediador peça aos participantes, na sequência da roda, que expliquem sua resposta. O mediador incentiva o diálogo através de perguntas e dicas. Porém, também deve ficar atento ao ritmo do jogo, cuidando para que a discussão não se prolongue demais e a partida prossiga;

6) O jogo termina quando um dos participantes chegar à última casa do tabuleiro. Ou pode-se combinar jogar por um dado tempo (por exemplo, durante 30 minutos da aula). Nesse caso, ganha o jogo aquele que mais se aproximar da última casa ao final do tempo estipulado.

Note-se que as regras criadas investem de especial importância: (1) a articulação entre a informação, a reflexão e a interação, como elementos essenciais na atividade lúdica; e (2) o papel do educador ou do mediador no jogo. Um jogo sem criatividade é um "jogo de cartas marcadas" e não cumpre seu papel lúdico e motivacional.

Vamos compartilhar, aqui, uma dica muito importante: em nossos jogos educativos, temos a preocupação de mesclar em partes iguais (ou bem próximas) os elementos de *informação, reflexão e interação*. Nas atividades lúdicas em EDH, acreditamos que a interação se torna "a alma" do jogo. É a interação, o olhar para o outro, a troca de experiências e de ideias que fará avançar a reflexão a partir das informações dadas. Nesse sentido, ousamos dizer que, dentro de nossos limites, buscamos contemplar, em Trilhas da Cidadania, os diferentes elementos de um jogo, tais como propostos por Caillois (*agôn, alea, mimicry* e *ilinx*), conforme exposto anteriormente.

Os participantes competem (*agôn*) para ver quem conhece mais sobre os temas propostos e quem ganhará cada partida, comparando suas competências e qualidades. Entretanto, o jogo também estimula a cooperação. Em primeiro lugar, pelo simples fato de que os participantes devem concordar sobre as regras, antes de iniciar a partida. Em segundo lugar, porque nas diversas ocasiões em que os participantes devem responder a uma situação-problema, eles são estimulados a discuti-la, de modo que, embora sejam concorrentes no jogo, possam trocar opiniões, fazer perguntas e oferecer pontos de vista. Finalmente, porque as perguntas destinadas a promover a interação fazem um contraponto à competição do jogo, permitindo o diálogo e a solidariedade.

No que diz respeito à *alea* (imprevisibilidade, aleatoriedade), os aspectos lúdicos, como o lançamento de dados e o sorteio das situações-problema e das cartas de interação, criam situações inesperadas, às quais os jogadores precisam se adequar e com as quais podem sentir um prazer adicional.

No jogo, as situações-problema provocam os participantes a imaginar situações diversas vividas por diferentes sujeitos, trabalhando com a dimensão de *mimicry*, isto é, exigindo que façam a referência a valores já conhecidos, ao mesmo tempo que discutem a possibilidade de novos valores para a resolução dos casos propostos.

Acreditamos que, no jogo educativo, o desafio dos limites (dimensão *ilinx*) está relacionado ao questionamento daquilo que já está instituído socialmente. Esse questionamento pode apontar para mudanças relevantes, mas que também exigem que os sujeitos mobilizem suas capacidades e vençam preconceitos e medos.

Criando estratégias para o aperfeiçoamento do jogo

Um jogo que vai ser impresso e reproduzido para muitas pessoas precisa passar por um pré-teste visando a seu aperfeiçoamento no que diz respeito às regras, aos conteúdos, à linguagem, entre outros elementos. O pré-teste é a aplicação do jogo a um grupo de pessoas com características semelhantes às do público ao qual o jogo se destina. Um questionário de avaliação final pode ser distribuído ao término do jogo, pode-se conversar com os participantes e tomar notas sobre o processo de aplicação do jogo. A partir dessa situação, é possível perceber onde e como o jogo deve ser melhorado.

Entretanto, sabemos que, no dia a dia das escolas e de outros espaços educativos, os educadores e educandos podem construir seus jogos de maneira totalmente artesanal. Nesse caso, não precisamos falar em pré-teste, e sim em um processo contínuo de utilização, aperfeiçoamento e atualização do jogo.

É interessante preparar o jogo com materiais artesanais, experimentar, anotar os pontos fortes e fracos, voltar a preparar um novo material, testar e, assim, aperfeiçoar a sua concepção. Foi exatamente isso que fizemos em nossa equipe de criação, até termos um jogo que pudesse ser levado para alunos de uma escola pública. Como seria posteriormente distribuído para um público amplo, fizemos um pré-teste, objetivando a sua revisão. O jogo foi, então, trabalhado por um programador visual e encaminhado para a impressão gráfica. Esse foi o caminho possível dentro de nossos prazos e recursos, conforme sintetizamos a seguir.

Pré-teste do jogo Trilhas da Cidadania

Trilhas da Cidadania foi pré-testado em uma escola pública. Embora os participantes tenham avaliado muito positivamente o jogo, ainda assim tivemos de fazer algumas adequações na natureza e na linguagem dos casos. É interessante notar que os participantes também contribuíram para adequar uma regra do jogo. A discussão dos casos que se daria após a leitura da DICA LEGAL passou a ser proposta para ser feita antes dessa leitura, de forma a provocar mais discussão nos grupos.

Nos diferentes contextos educativos, educandos e educadores podem se envolver na criação do jogo, desde sua concepção (temas, objetivos) até sua manufatura (desenhando, colorindo, recortando e montando) e, enfim, fazendo a arte-final. Provavelmente, todos terão um grande apreço pelo jogo que criaram. Quando o material é construído dessa maneira, é possível fazer, de tempos em tempos, uma revisão de seus conteúdos, suas regras e seus materiais – por exemplo, substituir ou introduzir questões, fazer adequações de linguagem, ampliar o público, e assim por diante. É preciso zelar pela dimensão ética do jogo, evitando os "achismos" e buscando fundamentar os casos e as informações disponibilizadas. A participação dos educandos na criação, no teste e nas possíveis reformulações do jogo pode ser vista como parte do processo pedagógico.

Uma forma de incrementar o potencial do jogo e trabalhar em seu aprimoramento é justamente a articulação com outras disciplinas e/ou atividades.

Articulando o jogo com outras disciplinas e/ou atividades

Mesmo quando o jogo veicula muitas informações, a compreensão dessas informações dependerá de diversos fatores: o tempo e o número de vezes que se joga, o número de participantes, entre outros elementos. Além disso, como já dissemos, o conhecimento apresentado pelo jogo é filtrado pela dinâmica lúdica, de forma que aparece como uma bricolagem, um quebra-cabeça ou um caleidoscópio. É a discussão que costura as linhas da lógica do jogo.

Assim, é interessante que os jogos sejam utilizados em articulação com outros métodos didáticos. Por exemplo, para preparar a turma para uma aula ou mesmo depois de uma aula, para estimular a reflexão sobre os conteúdos dados ou como parte de um projeto pedagógico mais amplo, e assim por diante.

Vamos supor que uma professora de História faça, com seus alunos, um projeto de criação de um jogo sobre os direitos das crianças em duas diferentes gerações, a deles e a de seus pais. Ela poderá iniciar propondo uma pesquisa escolar sobre essa temática, para dar sustentação ao trabalho. Suponha-se que conte para seus alunos sobre o Estatuto da Criança e do Adolescente (ECA) e desenvolva atividades como ler trechos do ECA, assistir a um vídeo ou filme, entrevistar uma pessoa do conselho tutelar ou entrevistar seus familiares para saber como era a vida deles, quando crianças, no tocante à saúde, à educação, ao trabalho infantil e ao tratamento recebido da família.

Essas informações vão subsidiar a construção do jogo. A professora poderá adicionar outras informações que desejar transmitir a seus alunos sobre a temática, por exemplo, como era a vida familiar ou as brincadeiras das crianças em diferentes épocas.

Juntos, alunos e professora poderão escolher um formato para o jogo – por exemplo, um jogo da memória, contendo: (1) uma série de cartões de cor verde, representando (através de figuras, desenhos, gravuras recortadas de revistas e outras formas) cenas da vida de crianças na geração atual e na geração de seus pais; (2) outra série, composta por dois cartões de cor azul, com os dizeres GERAÇÃO DAS CRIANÇAS e GERAÇÃO DOS PAIS; e (3) outra série composta por dois cartões de cor amarela, com os dizeres DIREITO ou NÃO DIREITO. Com todos os cartões com a face desenhada para baixo, cada aluno escolhe um cartão de cada série, virando-os com as imagens e palavras para cima, tentando criar combinações. Por exemplo, a cena de uma criança brincando, junto com a carta de GERAÇÃO DOS PAIS, precisa ser combinada com a carta NÃO DIREITO, e assim por diante. Pode-se aumentar o número de cartões e o grau de complexidade de acordo com idade e a série escolar.

Na aula de História, as crianças preparam o jogo; na aula de Português, podem escrever sobre os direitos e também sobre as atividades ligadas a eles; na aula de Educação Física, podem resgatar uma brincadeira da geração dos pais; na aula de Artes, podem desenhar cenas relacionadas com os direitos, e assim por diante. Dessa maneira, busca-se integrar o projeto de trabalhar uma questão interdisciplinar de EDH (direitos de crianças e adolescentes) com conteúdos disciplinares de História, Geografia, Português e outros.

Pode-se também aproveitar o jogo em uma reunião da escola com familiares dos alunos, para iniciar a reunião e depois falar sobre a importância da brincadeira no desenvolvimento das crianças, ou sobre as relações familiares, ou sobre outro tema.

Como atividade para a comunidade, a escola pode preparar um dia de exposição de brinquedos em cada geração e aproveitar para fazer um painel com os direitos da criança e do adolescente. Além disso, pode-se aproveitar o jogo na rede de serviços, em um dia de campanha contra o trabalho infantil, com crianças inscritas em programas sociais ou em uma rua de lazer.

A pesquisa e a construção de jogos sobre EDH podem ser associadas a outras temáticas como forma de mobilizar e motivar as pessoas, por exemplo, o direito à alimentação, o aleitamento materno, dicas para uma alimentação saudável e a difusão de algumas receitas de comidas gostosas. Dessa maneira, pode-se também desenvolver ações conjuntas na rede, pois em cada política pública (educação, saúde, assistência social e outras) há sempre um aspecto a se explorar. A seguir, o resumo dessa ideia aplicada ao jogo Trilhas da Cidadania.

Articulando Trilhas da Cidadania com outras disciplinas e atividades

O jogo Trilhas da Cidadania pode ser utilizado em qualquer disciplina, desde que se faça uma articulação com a atividade do jogo e outras atividades da disciplina. Mas também pode ser usado em um projeto interdisciplinar, envolvendo mais de uma disciplina (por exemplo, História e Educação Física), ou toda a escola (como em uma feira de ciências), ou ser desenvolvido em uma campanha educativa na comunidade.

Sugerindo reflexões e dicas para o educador/mediador

No processo de EDH, os conteúdos devem ser construídos junto com os educandos, sem que isso signifique que o educador deva chegar de "mãos vazias". Os conhecimentos já construídos são tomados como uma "matriz de possibilidades" de onde o debate pode acontecer. Por exemplo, se um grupo de jovens deseja conhecer os direitos sexuais e reprodutivos, esse assunto poderá entrar na discussão através de estratégias diversas, buscando-se fundamento na educação, na saúde, na legislação e também procurando conhecer as experiências e opiniões dos jovens.

Quando um jogo é criado, vale a pena registrar o projeto que lhe deu origem. Uma alternativa é seguir os itens aqui apresentados. Também é interessante reunir os materiais que ajudaram a compor o jogo e fazer anotações e comentários que possam ser úteis para os educadores que venham a utilizá-lo.

No PNEDH e nas DNEDH, aponta-se a importância da capacitação dos educadores. Certamente, uma vez que criou diretrizes para a EDH e nelas incluiu a interdisciplinaridade, envolvendo todos os docentes nesse projeto inovador, o governo também é responsável por prover, inclusive junto aos estados e municípios, capacitações que preparem os professores para a atuação em EDH.

Contudo, gostaríamos de enfatizar que a capacitação não vem apenas de cursos oferecidos aos docentes. A produção dos docentes em EDH, no cotidiano profissional, precisa ser valorizada e ganhar visibilidade, de forma que a troca entre os profissionais seja incentivada.

Materiais para EDH poderão ganhar mais efetividade e utilidade se forem acompanhados de textos com informações, reflexões e sugestões sobre como aproveitá-los. No caso do jogo Trilhas da Cidadania, que foi concebido por encomenda para um projeto, escrevemos um texto intitulado "Conversa com os educadores", que contém muitas ideias que foram apresentadas neste capítulo sobre a natureza e a dinâmica do jogo, sua fundamentação e sua discussão.

> Sugestão para o educador/mediador no jogo Trilhas da Cidadania
>
> Na caixa do jogo Trilhas da Cidadania, foi incluído o texto "Conversa com os educadores", que apresenta a concepção do jogo, aponta sua fundamentação e discute sua dinâmica, refletindo sobre a necessidade de o mediador explorar os diferentes pontos de vista e estimular o diálogo.

A pluralidade de metodologias e o caráter participativo na Educação em Direitos Humanos

Neste capítulo, compartilhamos com os leitores a construção do jogo Trilhas da Cidadania como exemplo possível para o desenvolvimento de materiais lúdicos para a EDH. Ao se fazer um projeto educativo na área de direitos humanos, deve-se levar em consideração os objetivos desejados, o público envolvido e as temáticas abordadas pelos educadores e educandos a partir de seus contextos de vida.

Diferentes recursos podem ser mobilizados, em uma visão de pluralidade metodológica. Entendemos que é interessante mesclar situações estruturadas de aprendizagem e recursos lúdicos, não apenas jogos, mas também dinâmicas de grupo, passeios, gincanas, feiras, atividades comunitárias e outros. Essa diversidade de ações (sempre dentro dos princípios participativos das DNEDH) pode colaborar para a reflexão e o diálogo entre educandos, facilitando, também, para os educadores o exercício de seu papel de mobilização e mediação.

O que não se pode esquecer é que a dimensão lúdica existe em todos os processos de aprendizagem, na nossa própria capacidade de simbolizar e de pensar. Somos, ao mesmo tempo, *homo faber* (seres de trabalho e ação), *homo sapiens* (seres de pensamento) e *homo ludens* (seres de ludicidade). E, quem sabe, poderíamos acrescentar aqui outras dimensões de nossa humanidade, tais como aquelas voltadas para a arte e para o amor? É na integração de todas essas dimensões que podemos trabalhar por um mundo melhor.

> Para conhecer mais e acessar textos, vídeos, dinâmicas de grupo e jogos, recomendamos:
>
> *Livros*
>
> AFONSO, Maria Lúcia Miranda; ABADE, Flávia Lemos. *Para reinventar as rodas: rodas de conversa em direitos humanos*. Belo Horizonte: RECIMAM, 2008. Arquivo PDF disponível em: <http://www.novamerica.org.br/medh2/arquivos/reinventar_**rodas**.pdf>. Acesso em: 24 jul. 2013.
>
> CANDAU, Vera Maria Ferrão (Org.). *Oficinas pedagógicas de Direitos Humanos*. 5. ed. Petrópolis, RJ: Vozes, 2003.
>
> MIRANDA, Simão de; DUSI, Miriam. *Previna o bullying: jogos para uma cultura de paz*. São Paulo: Papirus, 2011.
>
> *Endereços eletrônicos*
>
> Rede de Direitos Humanos (DHNet): <http://dhnet.org.br/educar/index.html> e também <http://dhnet.org.br/dados/oficinas/edh/br/oficinas/index.html>.
>
> Observatório de Educação em Direitos Humanos da Universidade Estadual de São Paulo (UNESP): <http://www.unesp.br/portal#!/observatorio_ses>.
>
> Fundação Oswaldo Cruz: <http://www.fiocruz.br/jovem/cgi/cgilua.exe/sys/start.htm?tpl=home>.
>
> Rede de Cidadania Mateus Afonso Medeiros (RECIMAM): <http://www.recimam.org>.

Considerações finais

Neste livro, buscamos trabalhar com uma visão da Educação em Direitos Humanos (EDH) como formação para a cidadania. O detalhamento da construção de um jogo pedagógico foi nosso elemento agregador para o esforço de traçar um panorama sobre o debate atual na área e sintetizar experiências e bibliografias recentes que podem ser consultadas pelos interessados.

Cada vez mais se torna essencial uma educação que tenha efeitos de esclarecimento sobre os vínculos sociais e sobre os direitos, uma educação que prepare para o convívio e o respeito entre os diferentes sujeitos e grupos que compõem a sociedade.

Todavia, não se trata apenas de aprender a conviver com a diversidade, como se fôssemos uma coleção de borboletas em um mostruário. Reconhecer a diversidade é ampliar a própria percepção sobre o ser humano e assim fortalecer a noção de dignidade humana.

Trata-se de construir uma cidadania na qual todos tenham acesso aos direitos humanos e possam participar da vida presente e dos planos futuros da sociedade. Uma cidadania que seja inclusiva não apenas no sentido de franquear o acesso aos bens e serviços, mas também garanta formas diversas de participação e favoreça novas interações e a compreensão sobre a diversidade e a igualdade.

Como escreveu Medeiros:

> É verdade que somos um país racista, sexista, homofóbico e socialmente "egoísta". Entretanto, o liame unificador, aquilo que pode forjar uma identidade brasileira, não é a negritude, o sexo, a opção sexual ou o dinheiro. É a cidadania, a vontade de construir uma sociedade ao mesmo tempo brasileira e igualitária. E igualdade significa distribuir a renda, o status social e a própria história do povo brasileiro (MEDEIROS, 2006, p. 51).

Esperamos, assim, que, além de sua tarefa mais simples, que é a de discutir o uso de jogos pedagógicos na EDH, este livro possa ter trazido inspiração (e algumas referências) para o desenvolvimento de ações de EDH e de formação para a cidadania. Mesmo reconhecendo os limites das ações educativas, que são frágeis quando não têm o suporte de políticas públicas ou outras estratégias de transformação social, acreditamos em sua potencialidade e em sua relevância para a construção de uma sociedade em que a diferença não mais signifique desigualdade. Os dados estão lançados! Que nosso jogo aconteça dentro de limites éticos e nos permita desenvolver potencialidades, principalmente aquelas ligadas à defesa da dignidade humana e da solidariedade.

Referências

ABADE, Flávia Lemos; AFONSO, Maria Lúcia Miranda; OLIVEIRA, Eduardo F. *Jogos de cidadania: o processo grupal e as tecnologias sociais em diálogo sobre os Direitos Humanos*. Belo Horizonte: Centro Universitário UNA, 2012. Relatório de pesquisa.

AFONSO, Elza Maria Miranda. Proposta para uma conversa sobre Direitos Humanos e interdisciplinaridade. Texto apresentado no evento Direitos Humanos e Interdisciplinaridade, promovido pela Rede de Cidadania Mateus Afonso Medeiros (RECIMAM) e pelo Centro Universitário UNA. Belo Horizonte, 2010.

AFONSO, Maria Lúcia Miranda. A importância da escola para a construção de uma cultura de promoção e defesa dos Direitos Humanos. In: DESLANDES, Keila; LOURENÇO, Érika. *Por uma cultura dos Direitos Humanos na escola: princípios, meios e fins*. Belo Horizonte; Fino Traço, 2011. p. 7-12.

AFONSO, Maria Lúcia Miranda; ABADE, Flávia Lemos. Educação em Direitos Humanos: a construção de uma prática. *Caderno Comemorativo dos 60 anos da Declaração Universal dos Direitos Humanos e dos 20 anos da Constituição Federal de 1988*. Belo Horizonte: Coordenadoria Municipal de Direitos Humanos; Secretaria Municipal Adjunta de Direitos de Cidadania; Prefeitura de Belo Horizonte, 2007.

AFONSO, Maria Lúcia Miranda; ABADE, Flávia Lemos. *Para reinventar as rodas: rodas de Conversa em Direitos Humanos*. Belo Horizonte: RECIMAM, 2008.

AFONSO, Maria Lúcia Miranda et al. (Org.). Oficinas em dinâmica de grupo na área da saúde. São Paulo: Casa do Psicólogo, 2006.

ALVES, Marcos Alexandre. O modelo estrutural do jogo hermenêutico como fundamento filosófico da educação. Ciência & Educação, Bauru, v. 17, n. 1, p. 235-248, 2011.

ANJOS, Luiz dos. O jogo e a dimensão humana: uma possível classificação antropológica. Revista Digital, Buenos Aires, año 10, n. 90, nov. 2005. Disponível em: <http://www.efdeportes.com>. Acesso em: 9 jan. 2013.

ARAÚJO, Ulisses Ferreira de. Pedagogia de projetos e direitos humanos: caminhos para uma educação em valores. Pro-Posições, v. 19, n. 2, p.193-204, ago. 2008.

BALDIN, Nelma et al. Escola: vamos praticar jogos ambientais? Buscando uma pedagogia para valorizar a água, para valorizar a vida. Cadernos de Educação, Pelotas, FaE/PPGE/UFPel, n. 39, p. 265-284, maio-ago. 2011.

BARREIRO, Guilherme Scodeler de Souza; FARIA, Guilherme Nacif de; SANTOS, Raíssa Naiady Vasconcelos. Educação em direitos humanos: uma tarefa possível e necessária. Educação em Perspectiva, Viçosa, v. 2, n. 1, p. 58-77, jan.-jun. 2011.

BRASIL. Comitê Nacional de Educação em Direitos Humanos. Plano Nacional de Educação em Direitos Humanos. Brasília, Secretaria Especial dos Direitos Humanos/Presidência da República, Ministério da Educação, Ministério da Justiça, UNESCO, 2006.

BRASIL. Ministério da Educação. Conselho Nacional de Educação. Diretrizes Nacionais para a Educação em Direitos Humanos. Brasília, Ministério da Educação, Conselho Nacional de Educação, 2012.

BRASIL. Secretaria de Direitos Humanos da Presidência da República. Programa Nacional de Direitos Humanos (PNDH-3). Rev. e atual. Brasília, Secretaria de Direitos Humanos da Presidência da República, 2010.

CAIADO, Ana Paula Sthel; ROSSETTI, Claudia Broetto. Jogos de regras e relações cooperativas na escola: uma análise psicogenética. *Psicologia Escolar e Educacional*, Campinas, v. 13, n. 1, p. 87-95, jan.-jun. 2009.

CAILLOIS, Roger. *Os jogos e os homens: a máscara e a vertigem*. Lisboa: Cotovia, 1990.

CANDAU, Vera Maria Ferrão. Direitos humanos, educação e interculturalidade: as tensões entre igualdade e diferença. *Revista Brasileira de Educação*, v. 13, n. 37, p. 45-56, abr. 2008.

CANDAU, Vera Maria Ferrão. Direito à educação, diversidade e educação em direitos humanos. *Educação & Sociedade*, v. 33, n. 120, p. 715-726, set. 2012.

CARVALHO, Alysson Massote; ALVES, Maria Michelle Fernandes; GOMES, Priscila de Lara Domingues. Brincar e educação: concepções e possibilidades. *Psicologia em estudo*, Maringá, v. 10, n. 2, maio-ago. 2005.

CASTORIADIS, Cornelius. *A instituição imaginária da sociedade*. São Paulo: Paz e Terra, 1982.

COSCRATO, Gisele; PINA, Juliana Coelho; MELLO, Débora Falleiros de. Utilização de atividades lúdicas na educação em saúde: uma revisão integrativa da literatura. *Acta Paulista de Enfermagem*, São Paulo, v. 23, n. 2, mar.-abr. 2010.

CRUZ, José Marcos de Oliveira. Processo de ensino-aprendizagem na sociedade da informação. *Educação & Sociedade*, v. 29, n. 105, p. 1023-1042, set.-dez. 2008. Disponível em: <http://dx.doi.org/10.1590/S0101-73302008000400005>. Acesso em: 10 fev. 2012.

DEMO, Pedro. *Cidadania tutelada e cidadania assistida*. Campinas: Autores Associados, 1995.

FERNANDES, Angela Viana Machado; PALUDETO, Melina Casari. Educação e direitos humanos: desafios para a escola contemporânea. *Cadernos CEDES*, v. 30, n. 81, p. 233-249, ago. 2010.

FRANCO, Sérgio de Gouvêa. O brincar e a experiência analítica. *Ágora*, Rio de Janeiro, v. 6, n. 1, jan.-jun. 2003.

FREIRE, Paulo. *Pedagogia da autonomia: saberes necessários*. 27. ed. São Paulo: Paz e Terra, 2003.

GRIGOROWITSCHS, Tamara. Jogo, mimese e infância: o papel do jogar infantil nos processos de construção do *self*. *Revista Brasileira de Educação*, v. 15, n. 44, p. 230-246, ago. 2010.

HUIZINGA, Johan. *Homo ludens*. 4. ed. São Paulo: Perspectiva, 2000.

KISHIMOTO, Tizuko Morchida *et al*. Jogo e letramento: crianças de 6 anos no ensino fundamental. *Educação e Pesquisa*, São Paulo, v. 37, n. 1, jan.-abr. 2011.

LAFER, Celso. A reconstrução dos direitos humanos: a contribuição de Hannah Arendt. *Estudos Avançados*, v. 11, n. 30, p. 55-65, maio-ago. 1997.

LORDELO, Eulina da Rocha; CARVALHO, Ana Maria Almeida. Educação infantil e psicologia: para que brincar? *Psicologia: Ciência e profissão*, v. 23, n. 2, p. 14-21, jun. 2003.

MEDEIROS, Mateus Afonso. *Direitos humanos: uma paixão refletida*. Belo Horizonte: RECIMAM, 2006.

MEDEIROS, Sarah de Oliveira Nascimento. *A Educação em Direitos Humanos no projeto político-pedagógico do Centro de Ensino Fundamental 01 de Sobradinho/DF*. 2008. Monografia (Graduação em Serviço Social) – Universidade de Brasília, Brasília, 2008.f

QUEIROZ E MELO, Maria de Fátima Aranha. Algumas aprendizagens construídas durante a brincadeira de pipa: o que está em jogo. *Educação em Revista* (UFMG. Impresso), v. 26, p. 89-115, 2010.

MONTEIRO, Simone Souza; VARGAS, Eliane Portes; REBELLO, Sandra Monteiro. Educação, prevenção e drogas:

resultados e desdobramentos da avaliação de um jogo educativo. *Educação & Sociedade*, Campinas, v. 24, n. 83, ago. 2003.

NAVARRO, Mariana Stoeterau; PRODÓCIMO, Elaine. Brincar e mediação na escola. *Revista Brasileira de Ciências do Esporte*, v. 34, n. 3, p. 633-648, set. 2012.

NOGUEIRA, Maria José *et al*. Criação compartilhada de um jogo: um instrumento para o diálogo sobre sexualidade desenvolvido com adolescentes. *Ciência & Educação*, Bauru, v. 17, n. 4, 2011.

OLIVEIRA, Thiago Ranniery Moreira de. Encontros possíveis: experiências com jogos teatrais no ensino de ciências. *Ciência & Educação*, Bauru, v. 18, n. 3, 2012.

PEDROZA, Regina Lúcia Sucupira. Aprendizagem e subjetividade: uma construção a partir do brincar. *Revista do Departamento de Psicologia*, Rio de Janeiro, v. 17, n. 2, p. 61-76, jul.-dez. 2005.

PICCOLO, Gustavo Martins. O universo lúdico proposto por Caillois. *Revista Digital*, Buenos Aires, año 13, n. 127, dic. 2008. Disponível em: <http://www.efdeportes.com/>. Acesso em: 9 jan. 2013.

PICHON-RIVIÈRE, Enrique. *O processo grupal*. São Paulo: Martins Fontes, 1988.

PRADO, Marco Aurélio Máximo. Psicologia política e direitos humanos: tensões da relação indivíduo e bem comum. In: GUERRA, Andréa Máris Campos *et al*. (Org.). *Psicologia social e direitos humanos*. Belo Horizonte: ABRAPSO-MG; Edições do Campo Social, 2003. p. 65-75.

RAMOS, Aura Helena. Educação em Direitos Humanos: local da diferença. *Revista Brasileira de Educação*, v. 16, n. 46, p. 191-213, abr. 2011.

RODINO, Ana María. Educación en derechos humanos para una ciudadanía democrática e inclusiva: trabajar en la escuela y desde la Educación Física. *Ensaio: Avaliação e Políticas Públicas em Educação*, v. 20, n. 74, p. 207-227, mar. 2012.

ROSADAS, Carolina. "Quem sou eu? Jogo dos vírus": uma nova ferramenta no ensino da virologia. *Revista Brasileira de Educação Médica*, v. 36, n. 2, p. 264-268, jun. 2012.

SANTOS, Boaventura de Sousa. Direitos Humanos: o desafio da interculturalidade. *Revista Direitos Humanos*, Brasília, n. 2, p. 10-18, jun. 2009.

SCHALL, Virgínia Torres et al. Avaliação do Jogo ZIG-ZAIDS – um recurso lúdico-educativo para informação e prevenção da AIDS entre pré-adolescentes. *Cadernos de Saúde Pública*, Rio de Janeiro, v. 15, supl. 2, 1999.

SCHIEFER, Uyára. *Sobre os direitos fundamentais da pessoa humana*. 2004. Disponível em: <http://www.revistapersona.com.ar/Persona28/28Schiefer.htm>. Acesso em: 6 fev. 2012.

SENA, Silvio; LIMA, José Milton de. O jogo como precursor de valores no contexto escolar. *Revista Brasileira de Educação Física e Esporte*, São Paulo, v. 23, n. 3, jul.-set. 2009.

SILVA, Katie Calonassi de Oliveira da; LEVANDOSKI, Antonio Amilcar. *O jogo como estratégia no processo ensino-aprendizagem de Matemática de 6ª série*. Curitiba: Secretaria de Estado de Educação do Paraná, Superintendência da Educação, Programa de Desenvolvimento Educacional, 2008.

SOARES, Sônia Maria et al. Oficinas sobre sexualidade na adolescência: revelando vozes, desvelando olhares de estudantes do ensino médio. *Escola de Enfermagem Anna Nery*, Rio de Janeiro, v. 12, n. 3, set. 2008.

SOUZA, Ana Paula Lazzaretti et al. Criando contextos ecológicos de desenvolvimento e direitos humanos para adolescentes. *Paidéia*, Ribeirão Preto, v. 21, n. 49, p. 273-278, ago. 2011.

WINNICOTT, Donald Woods. *O brincar e a realidade*. Rio de Janeiro: Imago, 1975.

Este livro foi composto com tipografia Minion Pro e impresso
em papel Off Set 75 g/m² na Gráfica Paulinelli.